L'ENCICLOPEDIA DEI

DINOSAURI

DALLE ORIGINI DELLA VITA AL PRIMO UOMO

L'ENCICLOPEDIA DEI
DINOSAURI
DALLE ORIGINI DELLA VITA AL PRIMO UOMO

EDICART

EDICART è un marchio EDICART Style
Via Jucker, 28 - Legnano (MI) - Italia

Contributi di *Andrew Campbell, Jim Flegg, Rupert Matthews, Steve Parker*

Pubblicazione inserita nel *Cataloguing-in-Publication (CIP) Programme* della British Library.

Titolo originale: *Encyclopedia of Dinosaurs and Prehistoric Life*
Traduzione dall'inglese di *Giuliana Sana*

www.edicart.it

Indice

Antiche forme di vita

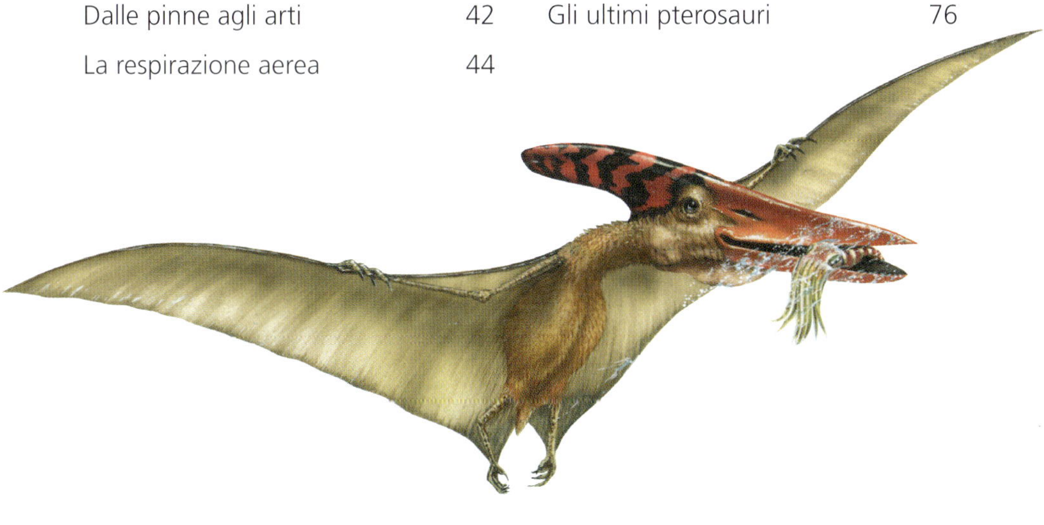

I dinosauri

I mammiferi

Gli esseri umani

Antiche forme di vita

La scala dei tempi geologici

- **La storia della Terra è suddivisa** in intervalli di tempo chiamati ere. Un grafico mostra a quanti milioni di anni fa risale ogni era (con "mya", dall'inglese *millions year ago*, si intende da adesso in avanti, "milioni di anni fa").

- **Forme di vita comparvero** principalmente nell'era paleozoica ("vita antica"), mesozoica ("vita intermedia") e cenozoica ("vita recente").

- **Le ere sono suddivise in periodi.** Per esempio, l'era mesozoica comprende i periodi triassico, giurassico e cretaceo.

- **Il nome di ogni periodo** deriva dalle formazioni rocciose che lo caratterizzano. Per esempio, il Giurassico si chiama così per le rocce che formano il Massiccio del Giura nelle Alpi.

- **L'ultimo periodo**, il Quaternario, va da 2,6 mya a oggi. Comprende la serie di glaciazioni più recente: l'ultima, e anche la più fredda, risale a soli 21.000 anni fa.

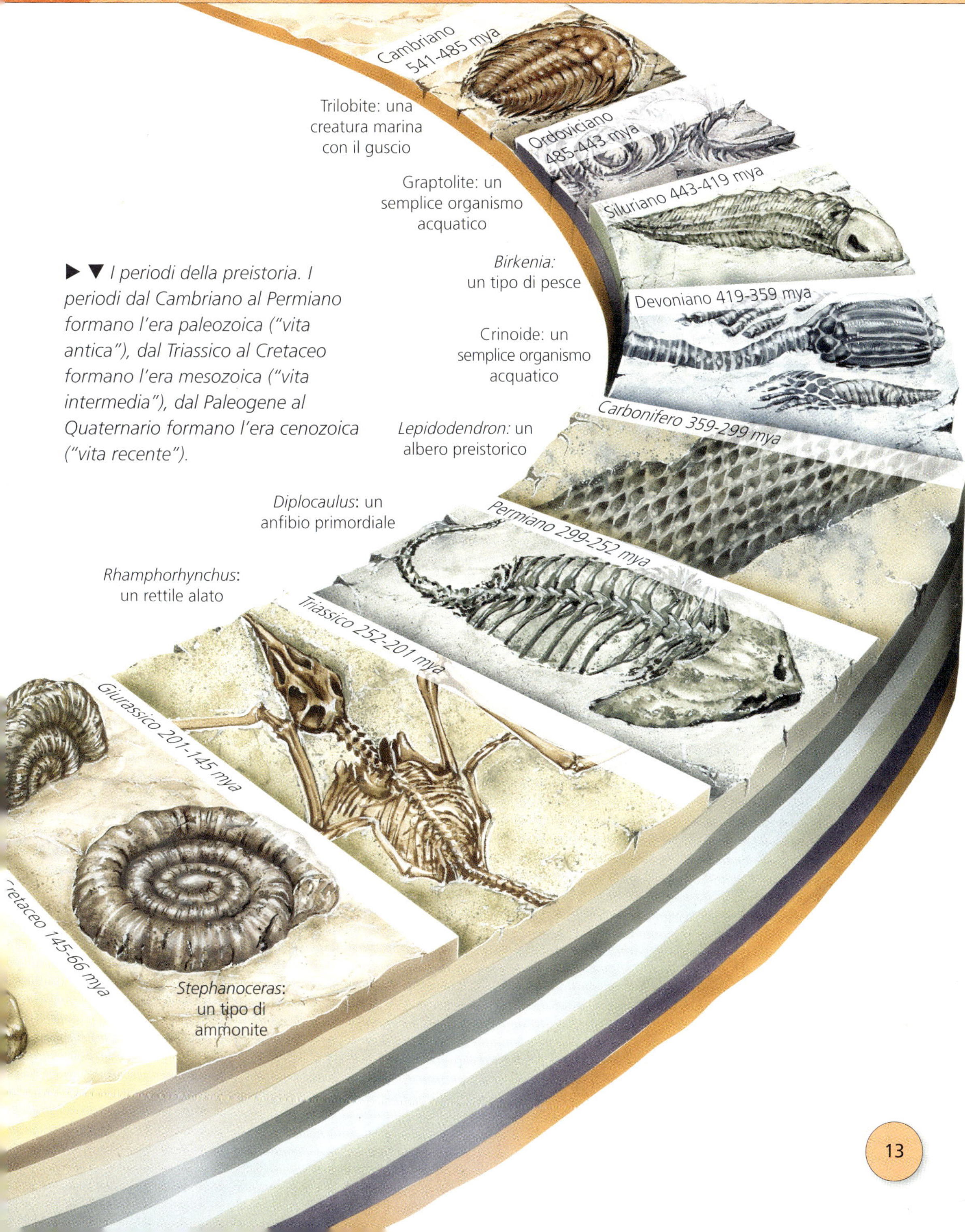

▶ ▼ *I periodi della preistoria. I periodi dal Cambriano al Permiano formano l'era paleozoica ("vita antica"), dal Triassico al Cretaceo formano l'era mesozoica ("vita intermedia"), dal Paleogene al Quaternario formano l'era cenozoica ("vita recente").*

Le piante primordiali

- **Fra le primissime forme di vita** sulla Terra si annoverano batteri unicellulari e cianobatteri, chiamati anche alghe azzurre.
- **Le alghe azzurre** apparvero 3500 mya. Contengono clorofilla e furono i primi organismi capaci di fotosintesi (di creare cioè energia dalla luce del sole).
- **La fotosintesi** produce anche ossigeno. Nell'arco di milioni di anni, le alghe azzurre ne produssero tanto da permettere lo sviluppo di forme di vita più complesse.

▲ *Licheni come questi sono formati da un'alga e da un fungo. I licheni primordiali – così come quelli moderni – crescevano sulle rocce, sgretolandole col tempo per contribuire alla formazione del suolo.*

▲ *I licheni riescono a sopravvivere in ambienti dove altre piante morirebbero, come l'Artide, le cime montuose e i deserti. Alcuni licheni artici hanno più di 4000 anni*

- **Le vere alghe**, solitamente considerate piante, si svilupparono oltre 1500 mya.
- **Già 550 mya** erano comparse le prime piante pluricellulari, tra cui semplici alghe marine.
- **Alghe e licheni** furono le prime piante a popolare la terraferma.
- **Le briofite** (muschi ed epatiche) popolarono la terraferma circa 400 mya. Si tratta di semplici piante verdi senza semi.
- **A differenza delle piante vascolari**, che arrivarono più tardi, le briofite non si accrescono in altezza perché prive di un fusto abbastanza forte.

LO SAPEVI?

Le epatiche crescevano su tappeti di alghe azzurre che assorbivano azoto dall'aria, essenziale per il loro sviluppo.

Le piante vascolari

- **Le piante vascolari** sono più adatte alla vita sulla terraferma rispetto a muschi ed epatiche.
- **Hanno fusti ramificati** dotati di un sistema di tubicini (i fasci vascolari) per condurre acqua e sostanze nutritive.
- **Fusti e tubicini** permettevano alle piante di svilupparsi in altezza. Le prime piante vascolari erano dotate di spore (cellule riproduttive, tipo semi): più alta era la pianta, meglio le poteva disperdere.
- **Una delle più antiche** piante vascolari conosciuta è la *Cooksonia*. Alta circa 5 cm, aveva uno stelo che si biforcava.
- **Scienziati chiamati paleontologi** scoprirono dei fossili di *Cooksonia* in Galles. I paleontologi studiano i fossili di piante e animali preistorici per capire come hanno vissuto e come si sono evoluti.
- **A Rhynie, in Scozia**, sono stati ritrovati numerosi fossili di piante vascolari.
- **Le piante di Rhynie** avrebbero colonizzato le rive sabbiose di alcuni laghetti nel Devoniano inferiore (circa 410 mya).
- **Un fossile di pianta** rinvenuto a Rhynie è l'*Aglaophyton*, alta circa 45 cm.
- ***L'Aglaophyton*** aveva radici sotterranee e tessuti che reggevano il fusto. Era anche dotata di vasi che conducevano acqua e di stomi (minuscole aperture) per il passaggio di aria e acqua.
- **Le piante terrestri** furono essenziali allo sviluppo delle condizioni per il passaggio degli animali dal mare alla terraferma, dove avrebbero fornito loro suolo, cibo e riparo.

▲ *La Cooksonia era costituita da steli che si biforcavano e terminavano in capsule contenenti spore. I resti più antichi, trovati in Irlanda, risalgono a circa 430 mya.*

Le gimnosperme

- **Le gimnosperme sono piante** che producono semi allo scoperto sulla superficie di strutture simili a coni. Il termine *gimnosperme* deriva dal greco *gymnos*, che significa "nudo", e *sperma*, che significa "seme".
- **Queste piante** comparvero 320 mya, sviluppandosi probabilmente da piante primordiali come la *Cooksonia*.
- **Prosperavano nelle foreste** tropicali e umide del Carbonifero superiore (359-299 mya).
- **Varietà di gimnosperme** comprendono conifere, cicadine e pteridosperme.
- **Le cicadine sono simili alle palme**, con ciuffi di foglie pennate. Erano più diffuse in epoca preistorica che al giorno d'oggi.
- **Fra le cicadine** si annovera

▲ *Le foglie delle cicadine sono pennate: sembrano penne che crescono attorno all'estremità del fusto. Ogni anno ne germogliano di nuove che durano per molti anni.*

▶ *Chiamati anche alberi di capelvenere, i ginkgo sono piante antiche con foglie dalla forma a ventaglio e semi gialli e carnosi.*

l'albero di capelvenere, il *Ginkgo biloba*. Ancora diffuso nelle città, è diventato molto raro in natura.

- **Una gimnosperma estinta** è la *Glossopteris*, che alcuni paleontologi ritengono simile a un progenitore delle future piante con fiori.
- **Insieme a felci ed equiseti** (un tipo di erba), le gimnosperme dominavano gli ambienti dell'era mesozoica (252-66 mya).
- **Nel Giurassico** (201-145 mya), i dinosauri erbivori divorarono gran parte delle foreste di conifere.
- **Oggi le conifere si trovano** in ambienti freddi o aridi, ai quali si sono adattate molto bene.

▲ *Le conifere hanno foglie aghiformi e i loro semi si sviluppano in coni anziché in fiori.*

▶ *Questa* Araucaria, *o albero della scimmia, è un tipo di conifera che risale al Giurassico.*

Le angiosperme

- **Le angiosperme sono piante** che si riproducono grazie ai fiori. I semi sono racchiusi nell'ovario, all'interno di un fiore. Il termine deriva dal greco *angeion*, che significa "vaso", e sperma, che significa "seme".
- **Queste piante** fecero la loro comparsa circa 140 mya.
- **Le prime tracce** di angiosperme vengono da fossili di foglie e granelli di polline.
- **Gli esperti** erano convinti che fra le prime angiosperme ci fossero le magnolie. Tuttavia, a quanto pare l'*Archaefructus* è una pianta estinta più antica, risalente a circa 125 mya.
- **Resti fossili** di *Archaefructus* sono stati trovati nel nord-est della Cina nella seconda metà degli anni '90.
- **Già 100 mya**, le angiosperme si erano sviluppate in decine di famiglie di piante con fiori, molte delle quali esistono ancora oggi.
- **Già 60 mya**, non erano più le gimnosperme a essere le piante dominanti, ma le angiosperme.
- **Con l'inizio del Paleogene** (circa 66 mya) ci fu un aumento delle temperature che favorì lo sviluppo delle foreste pluviali tropicali.
- **È nelle foreste pluviali** che le angiosperme si sono evolute in tantissimi tipi di piante diverse.
- **Si diffusero** perché crescevano molto velocemente, avevano sistemi di radici che le tenevano ancorate al suolo e fornivano loro acqua e sostanze nutritive, e perché si adattavano a un maggior numero di ambienti rispetto a piante come le gimnosperme.

▲ *Una pianta di* Archaefructus, *una delle primissime angiosperme conosciute. Il fossile di* Archaefructus, *che risale a circa 125 mya, ha molte caratteristiche proprie delle angiosperme, come i semi racchiusi in un ovario e i fiori.*

I primi invertebrati

- **Un invertebrato è un animale** privo di colonna vertebrale. Gli invertebrati sono stati i primi animali a popolare la Terra negli oceani preistorici.
- **I primissimi organismi simili ad animali** che si nutrivano di altri organismi o di sostanze organiche erano unicellulari, i cosiddetti protisti (tra cui i protozoi).
- **Solo i protisti preistorici** che avevano parti dure sono sopravvissuti come fossili. I più antichi risalgono a oltre 600 mya.
- **Uno dei fossili più antichi** che potrebbe appartenere a un animale pluricellulare ha circa 600 milioni di anni ed è la *Mawsonite*. Potrebbe trattarsi di una medusa o di un verme primitivo, oppure di una tana o di una colonia di microbi.
- **Alcuni antichi fossili di invertebrati** appartengono a gruppi di animali estinti.

LO SAPEVI?

La Spriggina ha un'estremità ricurva, simile a uno scudo. Alcuni paleontologi pensano che fosse la testa, mentre secondo altri era un'àncora che la teneva salda al fondale marino.

- **Alcuni esemplari di questi animali** avevano corpi segmentati.
- **Uno di questi invertebrati** è la *Spriggina*, chiamata così in onore del geologo Reg Sprigg che nel 1946 ne scoprì i fossili di 550 milioni di anni a Ediacara, in Australia meridionale.
- **I paleontologi** hanno trovato fossili di molti altri invertebrati simili a meduse, sempre nella zona di Ediacara.
- **Un'altra scoperta famosa** fu quella dello studente inglese Roger

Mason nel 1957. Si tratta del fossile di *Charnia*, un invertebrato somigliante alle odierne penne di mare.

▼ *La* Charnia *era un animale preistorico che viveva in colonie sui fondali, come fanno oggi le penne di mare. I fossili di* Charnia *risalgono a oltre 500 mya.*

Gli artropodi

- **Gli artropodi costituiscono** il gruppo animale più numeroso. Ne fanno parte insetti, crostacei (granchi e aragoste), aracnidi (ragni) e miriapodi (millepiedi): qualsiasi creatura con un corpo segmentato e appendici articolate.
- **Alcuni dei resti più antichi** di artropodi vengono dal giacimento fossilifero di Burgess Shale in Canada, risalente a 505 mya.
- **La *Marrella* è uno dei fossili più diffusi** tra quelli ritrovati a Burgess Shale. Era lunga circa 2 cm, aveva uno scudo cefalico e due antenne.
- **Il corpo era diviso** in segmenti, ciascuno dei quali dotato di appendici articolate, probabilmente per muoversi sul fondale.
- **Inizialmente**, i paleontologi pensavano che la *Marrella* fosse una trilobite, mentre ora è considerata appartenere al gruppo degli artropodi.

- **Uno dei primi gruppi animali**, se non il primissimo, a emergere dal mare e a colonizzare la terraferma fu quello degli artropodi, tra 500 e 400 mya.
- **Gli artropodi erano adatti** alla terraferma. Molti avevano un esoscheletro (scheletro esterno) per scongiurare la disidratazione. Le appendici articolate permettevano loro di muoversi sul suolo.
- **Creature simili a onischi** potrebbero essere state i primi artropodi a popolare la terraferma. Si cibavano di vegetali in decomposizione che trovavano lungo le coste.
- **L'artropode terrestre più grande** in assoluto è stato l'*Arthropleura*: simile a un millepiedi, era lungo fino a 1,8 m.
- **L'*Arthropleura* visse nelle foreste** del Carbonifero (359-299 mya). Come gli onischi, si cibava di vegetali in decomposizione.

L'Arthropleura era lungo quanto un essere umano. È stato l'artropode terrestre più grande in assoluto, tra le prime creature a colonizzare la terraferma.

Molluschi e graptoliti

- **I molluschi odierni** includono i gasteropodi (lumache, chiocciole e patelle), i bivalvi (vongole, ostriche, mitili e cardi) e i cefalopodi (polpi, calamari e seppie).
- **I molluschi odierni e preistorici** costituiscono uno dei gruppi animali più diversificati mai esistiti.
- **I primi molluschi** erano grandi quanto una capocchia di spillo. Apparvero all'inizio del Cambriano, circa 540 mya, o addirittura prima.
- **I primi molluschi cefalopodi** comparvero verso la fine del Cambriano, circa 490 mya.
- **Uno dei primi cefalopodi** fu il *Plectronoceras*, che aveva un guscio di forma conica diviso in diverse camere.
- **I molluschi gasteropodi** (chiocciole e lumache) furono uno dei primi gruppi animali a vivere sulla terraferma.

▼ *I graptoliti hanno lasciato molti fossili dalle forme più svariate, come seghetti, serpentine, spirali e stelle.*

Orthograptus

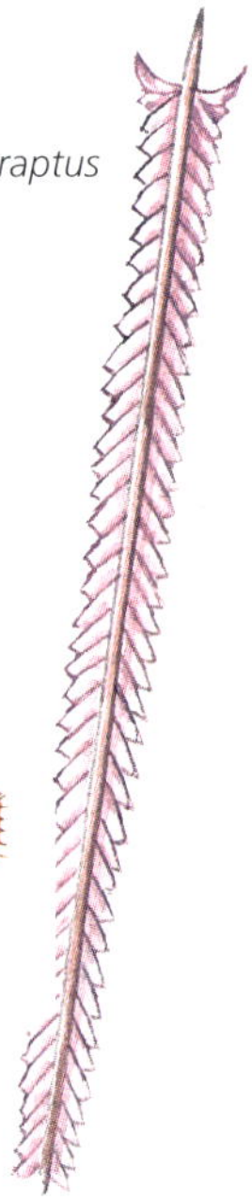

Dictyonema

Loganograptus

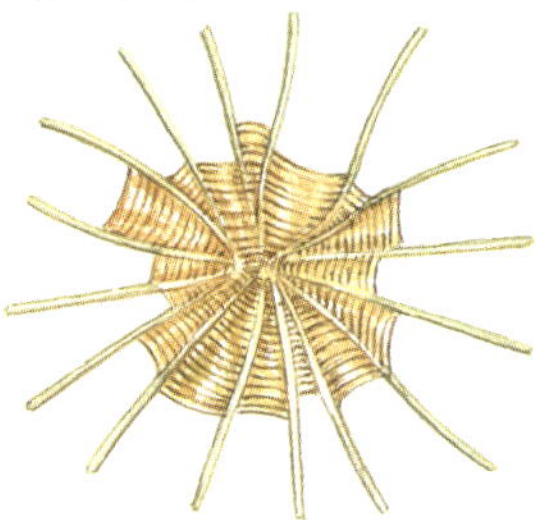

Monograptus

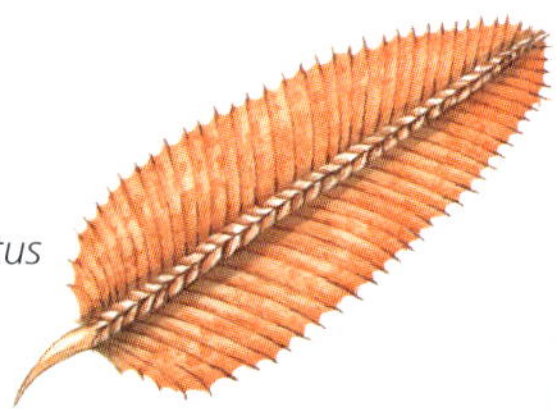

Phyllograptus

▲ *Nautiloidi come l'Orthoceras avevano un guscio allungato e tentacoli come i calamari. Andavano a caccia sui fondali marini circa mezzo miliardo di anni fa.*

- **Chiocciole e lumache** possono vivere sulla terraferma solo in ambienti umidi.
- **I cefalopodi** sono tra i molluschi più evoluti. Calamari e polpi hanno sviluppato un grosso cervello, una vista eccellente, tentacoli, e mascelle a forma di becco.
- **I graptoliti sono un gruppo estinto** di animali semplici che vivevano in colonie. Il loro nome significa "pietra scritta", perché i fossili di queste creature somigliano a degli scarabocchi.
- **I graptoliti avevano tentacoli** che usavano per setacciare acqua e fondali alla ricerca di particelle di cibo.

Le ammoniti

- **Le ammoniti** sono un gruppo di molluschi cefalopodi. Una volta erano molto diffuse negli oceani, ma si estinsero alla fine del Cretaceo (circa 66 mya).
- **Il numero di fossili di ammoniti** trovati è la dimostrazione di quanto fossero abbondanti un tempo questi animali.
- **Erano predatori attivi** e necrofagi. Avevano una vista molto buona, lunghi tentacoli e una bocca possente.
- **La bocca era formata** da un becco tagliente, probabili ghiandole velenifere, e una lingua ricoperta di denti.
- **Avevano un guscio** diviso in più logge che contenevano gas e funzionavano da galleggianti.
- **Lo *Stephanoceras* era un'ammonite** dal guscio discoidale a spirale, del diametro di 20 cm. Era molto diffuso negli oceani dell'era mesozoica.
- **Un parente odierno** delle ammoniti è il *Nautilus*, un cefalopode che vive sul fondo del mare nutrendosi di piccole creature e carogne.

▶ *Una roccia contenente un fossile di ammonite, che mostra la suddivisione del guscio in logge. La loggia più interna era occupata dall'ammonite appena nata che, crescendo, ne costruiva sempre di più grandi. Quando una loggia diventava stretta, ne costruiva un'altra e poi un'altra ancora, formando un guscio a spirale.*

- **Un tempo si credeva** che i fossili di ammonite fossero dei fossili di serpenti arrotolati.
- **I fossili di ammonite** sono usati anche per decorare i muri degli edifici.

▼ *Un'ammonite nuota nel mare alla ricerca di cibo. L'animale nuota all'indietro, trascinando i tentacoli.*

Le trilobiti

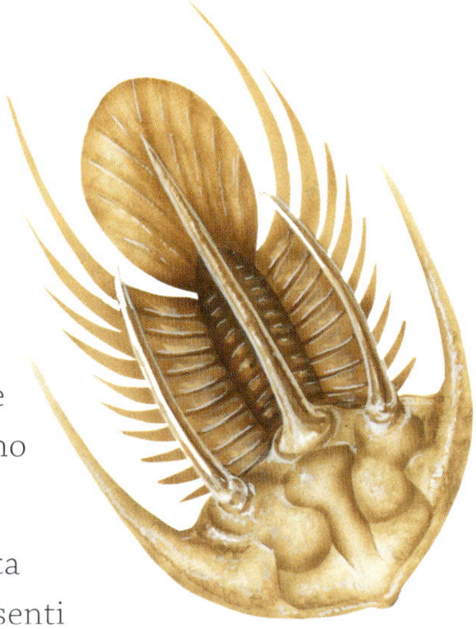

▲ *Il* Kolihapeltis, *vissuto circa 400 mya, aveva molte spine rivolte all'indietro.*

- **Le trilobiti** appartenevano al gruppo di invertebrati degli artropodi, cioè animali dal corpo segmentato ed esoscheletro rigido.
- **Il termine *trilobite*** significa "che ha tre lobi". Il guscio rigido esterno era infatti diviso in tre parti.
- **Le prime trilobiti** apparvero circa 520 mya. Già 500 mya erano presenti numerose specie molto differenziate.
- **Questi invertebrati** avevano occhi composti come gli insetti, e potevano vedere contemporaneamente in più direzioni.
- **Alcune trilobiti potevano avvolgersi** su se stesse, come fanno oggi alcuni onischi per proteggersi.
- **Zampe lunghe, sottili e articolate** permettevano alle trilobiti di muoversi rapidamente sul fondale o sui suoi sedimenti.

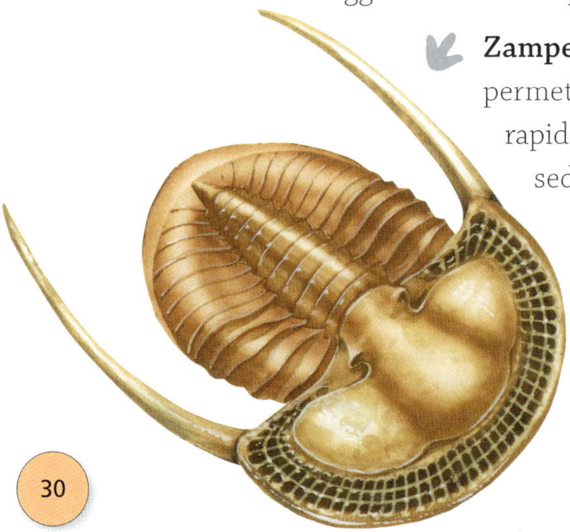

◀ *Il* Trinucleus *era poco più grande di un pollice, con due lunghe spine frontali rivolte all'indietro.*

- **Durante la muta**, le trilobiti cambiavano l'esoscheletro. Gran parte dei fossili di trilobiti sono i resti di questi scheletri.
- **Una delle trilobiti più grandi** conosciute è l'Isotelus, che raggiungeva i 70 cm di lunghezza.
- **Altre trilobiti** erano molto più piccole, come la Conocoryphe, lunga dai 2 ai 5 cm.
- **Le trilobiti si estinsero** circa 250 mya, insieme a un gran numero di altri animali marini.

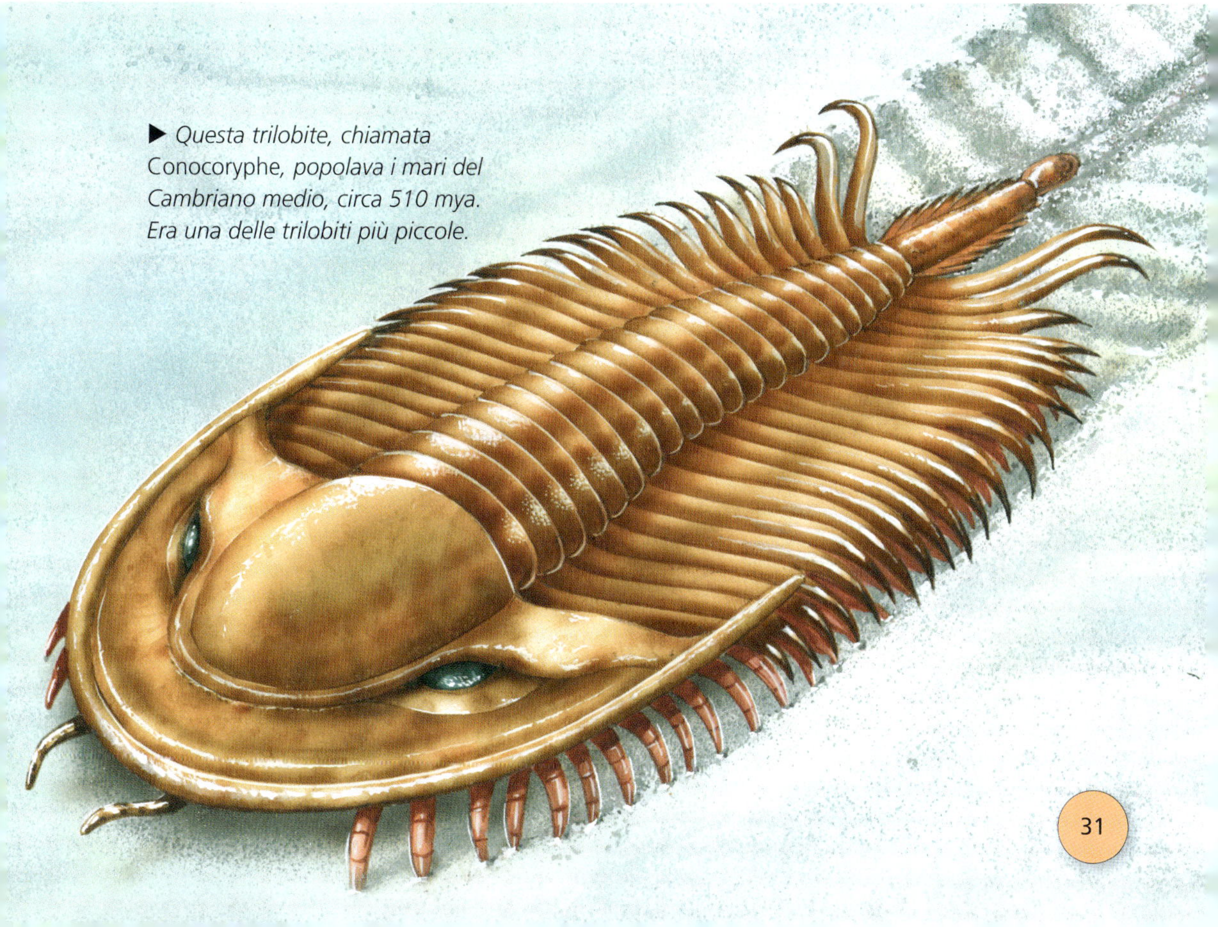

▶ *Questa trilobite, chiamata* Conocoryphe, *popolava i mari del Cambriano medio, circa 510 mya. Era una delle trilobiti più piccole.*

La Pikaia

- **Una piccola creatura vermiforme** chiamata *Pikaia* potrebbe essere stata simile agli antenati dei vertebrati.
- **I suoi resti fossili** sono stati rinvenuti nel giacimento di Burgess Shale in Canada, risalente a 505 mya.
- **La *Pikaia* potrebbe essere stata** uno dei primi cordati, un gruppo di animali con una formazione semirigida di sostegno lungo il dorso, chiamata *notocorda* (o corda dorsale). Questo gruppo include i vertebrati e animali marini come tunicati e acranî.
- **Era lunga 5 cm** e la notocorda forniva anche sostegno ai semplici muscoli dell'animale e un punto di aggancio per i suoi organi.
- **Era molto simile** al *Branchiostoma*, una piccola creatura trasparente che vive oggi tra la sabbia dei fondali marini.
- **Priva di uno scheletro osseo**, di pinne pari e di mascelle, la *Pikaia* non era un pesce.
- **Era molto più complessa** di tanti altri animali trovati a Burgess Shale. Questo suggerisce che deve essersi evoluta da altre creature complesse che l'hanno preceduta.
- **Il suo capo** era molto primitivo, con un paio di tentacoli, una bocca e un cervello semplice (un rigonfiamento della corda dorsale) per elaborare informazioni.
- **Nuotava** a zigzag, come un serpente d'acqua.

▼ *La* Pikaia *somigliava a un'anguilla con pinne caudali. In animali più recenti, la sua corda dorsale si è evoluta in una colonna vertebrale.*

I pesci senza mascelle

- **I primi pesci apparvero** probabilmente nel Cambriano superiore, circa 500 mya.
- **Questi pesci** avevano la bocca sempre spalancata: essendo privi di mascelle, non potevano aprirla o chiuderla.
- **Furono quindi** chiamati *agnati*, che significa "senza mascelle".

▼ *I pesci primitivi senza mascelle come l'*Hemicyclaspis *nuotavano più a lungo e più velocemente degli invertebrati. Questo li facilitava negli spostamenti alla ricerca di cibo.*

LO SAPEVI?

L'Hemicyclaspis aveva gli occhi sulla sommità della testa. Questo significa che viveva sui fondali e doveva avvistare i predatori che arrivavano dall'alto.

- **Gli agnati si nutrivano** di plancton attraverso l'apertura boccale, nonché di alghe, minuscoli animali e carne in decomposizione che ingerivano mentre setacciavano il fondale.
- **Tra i più antichi** fossili di agnati, i più completi appartengono all'*Arandaspis*, rinvenuto in Australia nel 1959, e al *Sacabambaspis*, rinvenuto in Bolivia e in altri paesi dell'America meridionale negli anni '80.
- **L'*Hemicyclaspis***, classificato tra gli agnati, era un pesce appiattito dall'ampio scudo cefalico e la lunga coda.
- **I pesci senza mascelle più recenti** erano più affusolati e arrotondati, con occhi posizionati nella parte frontale della testa. Questo significa che non si limitavano a vivere sui fondali.
- **Molti pesci senza mascelle** scomparvero prima della fine del Devoniano (circa 360 mya).
- **Le specie viventi di agnati** includono lamprede e missine, che hanno corpi molli e anguilliformi. Come i loro antenati, sono sprovvisti di mascelle.

▶ *Le missine sono necrofagi e parassiti, e possono penetrare le loro prede per divorarle dall'interno.*

I pesci dotati di mascelle

- **I primi pesci dotati di mascelle** comparvero probabilmente nel Siluriano (443-419 mya).
- **Un gruppo primitivo di pesci dotati di mascelle** fu quello degli *acantodi*, dal greco *akantha*, che significa "spina".
- **Mascelle e denti** diedero agli acantodi un enorme vantaggio sui pesci che ne erano sprovvisti: avevano una dieta più variata e si difendevano in modo più efficace.
- **Mascelle e denti permisero** agli acantodi di diventare feroci predatori.
- **Le mascelle** degli acantodi si erano evolute dagli archi branchiali della faringe (gola), il canale che collegava la bocca allo stomaco.
- **Gli archi branchiali** sono strutture ossee e muscoli che sostengono le branchie, cioè gli organi respiratori dei pesci.
- **Insieme alle mascelle**, gli acantodi svilupparono anche i denti.
- **I primi denti di pesce** erano strutture coniche lungo la mascella, formate da ossa e ricoperte di smalto duro.
- **I denti** dei primi acantodi erano molto vari: in alcune specie erano taglienti e appuntiti, in altre simili a lame, e in altre ancora simili a lastre piatte.

LO SAPEVI?

Un'altra differenza tra i pesci dotati o meno di mascelle era che i primi avevano un paio di narici, mentre gli altri ne avevano solo una.

▲ *Il* Climatius, *appartenente agli acantodi o pesci dotati di mascelle, visse circa 400 mya. Gli acantodi vengono anche chiamati "squali spinosi": nonostante non fossero squali, molti di loro avevano spine all'estremità delle pinne.*

Gli squali

- **I fossili di squalo più antichi** sono scaglie trovate in strati rocciosi del Siluriano superiore, circa 420 mya.
- **Gli squali appartengono** al gruppo dei pesci cartilaginei, che comprende anche le razze. Il loro scheletro è fatto di cartilagine, non di ossa.
- **Il *Cladoselache*** era uno squalo preistorico lungo fino a 2 m.
- **Era molto simile** agli squali moderni: aveva un corpo affusolato, un paio di pinne dorsali (sul retro) e pinne pettorali triangolari (sul davanti).
- **I primi squali cacciavano** calamari, piccoli pesci e crostacei.
- **Lo *Stethacanthus*** era uno squalo preistorico ben diverso dagli attuali: sopra la testa aveva una sporgenza a forma di incudine denticolata.

LO SAPEVI?

Le mascelle degli squali preistorici erano fissate ai lati del cranio, mentre negli squali di oggi sono agganciate al di sotto della scatola cranica, per un morso più potente.

▶ *Questo moderno squalo azzurro è un nuotatore veloce e un cacciatore spietato. Le principali caratteristiche degli squali, come le file di denti aguzzi e la forma, sono cambiate di poco in 400 milioni di anni.*

- **Visse nel Carbonifero** (359-299 mya).
- **Gli squali sono in cima** alla catena alimentare oggi. Nel Devoniano, le cose andavano diversamente.
- **Nel Devoniano c'erano altri pesci** molto più grandi degli squali. Per esempio, il *Dunkleosteus* era lungo fino a 3,7 m e poteva mangiarsi uno squalo dell'epoca in un batter d'occhio.

▲ *L'*Hybodus *era uno squalo preistorico dalla testa smussata vissuto tra 250 e 100 mya al tempo dei dinosauri. Era simile agli squali di oggi, anche se aveva mascelle molto diverse.*

I pesci ossei

- **I pesci ossei** hanno uno scheletro interno e scaglie ossee esterne.
- **I loro fossili dimostrano** che comparvero nel Siluriano superiore, circa 420 mya.
- **I pesci ossei** si sono evoluti in tantissime specie diverse che dominano i mari.
- **Ci sono due tipi** di pesci ossei: *pesci a pinne raggiate* e *pesci a pinne lobate*.
- **C'erano molti** pesci preistorici a pinne lobate, di cui però sono rimaste poche specie che appartengono al gruppo dei pesci polmonati o a quello dei celacanti.
- **Gli anfibi**, così come i rettili e i mammiferi, si sono evoluti dai pesci a pinne lobate.
- **I pesci a pinne raggiate** devono il loro nome ai raggi ossei che sostenevano le pinne. Molti pesci primitivi a pinne raggiate erano piccoli, dai 5 ai 20 cm di lunghezza.
- **Il *Rhadinichthys* e il *Cheirolepis*** erano due pesci primitivi a pinne raggiate. Erano piccoli predatori molto agili in acqua e dalle mascelle sempre pronte all'azione.
- **Circa 250 mya**, i pesci a pinne raggiate persero molti raggi ossei dalle pinne. Le pinne diventarono più flessibili, e i pesci dei nuotatori migliori.
- **Nuovi tipi di pesci a pinne raggiate**, chiamati *teleostei*, svilupparono code più simmetriche e scaglie più sottili.

▼ *Questo moderno celacanto discende direttamente dai pesci ossei a pinne lobate vissuti 350 mya. I celacanti si credevano estinti, finché nel 1938 un pescatore non ne catturò uno al largo delle coste dell'Africa meridionale.*

Dalle pinne agli arti

- **I primi vertebrati terrestri** furono i tetrapodi. Avevano bisogno di zampe che sostenevano il corpo e permettevano loro di aggirarsi alla ricerca di acqua e cibo.
- **I tetrapodi si sono evoluti** dai pesci a pinne lobate la cui struttura era adatta allo sviluppo di braccia e gambe.

LO SAPEVI?

Le pinne lobate non furono la sola caratteristica che permise ad alcuni pesci di vivere sulla terraferma: avevano anche polmoni per la respirazione aerea.

- **Lo scheletro fossile** del pesce a pinne lobate *Eusthenopteron* mostra come la disposizione delle ossa nelle pinne anteriori e posteriori fosse simile alla posizione degli arti nei tetrapodi.
- **L'*Eusthenopteron*** viveva in acque poco profonde. Quando l'acqua veniva meno, usava le pinne per muoversi sulla terraferma.
- **Secondo studi recenti**, un altro pesce a pinne lobate chiamato *Panderichthys* usava le pinne come zampe ancora più efficacemente dell'*Eusthenopteron*. Gli scienziati sostengono che il *Panderichthys* fosse più un tetrapode che un pesce.
- **Le pinne anteriori** nei pesci a pinne lobate si univano alla cintura scapolare, e quelle posteriori alla cintura pelvica, entrambe collegate alla colonna vertebrale.
- **I collegamenti pelvico e scapolare** significavano che gli arti dei futuri tetrapodi erano collegati a uno scheletro, per evitare che premessero sugli organi interni e li danneggiassero.

- **La cintura scapolare** dei pesci a pinne lobate era anche collegata alla testa. I tetrapodi invece svilupparono il collo per collegare testa e spalle.
- **Il collo rappresentava un grande vantaggio** per gli animali terrestri. Serviva loro a chinarsi, ad allungarsi verso l'alto, e a girare la testa per guardare in altre direzioni.

▲ L'Eusthenopteron *usava le pinne per muoversi fuori dall'acqua.* Eusthenopteron *significa "pinna robusta" e in passato si pensava fosse il diretto antenato dei tetrapodi. I paleontologi però hanno scoperto altri pesci come il* Kenichthys, *il* Tiktaalik, *il* Gogonasus *e il* Panderichthys, *che potrebbero essere dei parenti più stretti.*

La respirazione aerea

- **I pesci respirano ossigeno** nell'acqua attraverso le branchie. Fuori dall'acqua, le branchie perdono la loro funzione.
- **Per vivere sulla terraferma**, le creature hanno sviluppato polmoni per la respirazione aerea.
- **Non furono i tetrapodi** le prime creature a sviluppare i polmoni, bensì i pesci a pinne lobate.
- **I pesci polmonati** sono pesci a pinne lobate che vivono ancora oggi nelle zone calde e che, quando i fiumi si seccano, si seppelliscono nel fango del fondale e respirano con i polmoni.
- **I primi tetrapodi**, come l'*Ichthyostega* e l'*Acanthostega*, avevano branchie e polmoni, e potevano respirare sia in acqua che sulla terraferma.
- **I tetrapodi successivi** respiravano con le branchie appena nati. Da adulti, le branchie venivano sostituite dai polmoni, come succede oggi a rane e tritoni.
- **Gli anfibi moderni** immettono ossigeno anche attraverso la pelle, che è sottile e umida.
- **La pelle dei primi tetrapodi** era più dura, e non era adatta alla respirazione.
- **La respirazione tramite la pelle** limita le dimensioni degli animali: per questo gli anfibi odierni sono molto più piccoli dei loro antenati.

LO SAPEVI?

Gli animali si sono potuti adattare alla vita sulla terraferma grazie alle piante che per milioni di anni hanno prodotto l'ossigeno dell'atmosfera terrestre.

▼ *I pesci polmonati preistorici avevano sia le branchie che i polmoni. Come questi esemplari moderni, potevano quindi respirare aria quando i fiumi in cui vivevano erano in secca.*

L'Acanthostega

▲ L'Acanthostega *potrebbe essersi evoluto da pesci a pinne lobate simili all'*Eusthenopteron *e al* Panderichthys *con cui aveva molte caratteristiche in comune come le branchie e i polmoni, la lunga pinna caudale e la scatola cranica.*

LO SAPEVI?

L'Acanthostega poteva respirare nell'acqua con le branchie e sulla terraferma con i polmoni.

- **L'*Acanthostega* era un tetrapode primitivo.** Per il corpo pisciforme, si pensa che passasse gran parte della vita in acqua.
- **Resti fossili** di questo tetrapode sono stati rinvenuti in strati rocciosi databili al Devoniano superiore (circa 365 mya).
- **Il suo corpo** era lungo circa un metro. Aveva una grande coda che era utile per nuotare, ma poco adatta per muoversi sulla terraferma.
- **Aveva arti ben sviluppati,** con otto dita sulle zampe anteriori e forse sette su quelle posteriori.
- **Il numero di dita** sulle zampe colse di sorpresa i paleontologi: prima di allora si pensava che tutti i tetrapodi ne avessero cinque.
- **Le zampe e le dita** aiutavano l'*Acanthostega* a dare al corpo la spinta per nuotare. Facilitavano anche i movimenti tra la vegetazione sul fondo di fiumi e laghi, in cerca di prede.
- **Il cranio era schiacciato** e le cavità oculari ravvicinate, posizionate sulla sommità del capo.
- **Uno scheletro completo** di *Acanthostega* è stato rinvenuto nelle rocce della Groenlandia. I paleontologi lo hanno estratto con particolare cura, in quanto molto frammentato.

Rane e salamandre

- **Gli anfibi moderni**, come rane, rospi, salamandre e tritoni, appartengono tutti al gruppo dei lissanfibi.
- **I lissanfibi si sono evoluti** dopo i primi tetrapodi, probabilmente nel Permiano superiore (260 mya).
- **Il *Triadobatrachus*** visse in Madagascar nel Triassico inferiore, era lungo 10 cm e aveva il cranio simile a quello di una rana.
- **Rispetto ai primi anfibi**, il *Triadobatrachus* aveva una schiena più corta con meno vertebre, e anche una coda più corta.
- **L'evoluzione non si è fermata** al *Triadobatrachus*: le rane odierne hanno ancora meno vertebre e sono senza coda.
- **Le zampe posteriori del *Triadobatrachus*** erano grandi più o meno come quelle anteriori, a differenza delle rane di oggi, con zampe posteriori più lunghe per saltare.
- **Le prime salamandre conosciute** vissero nel Giurassico medio (174-163 mya) in Cina, Mongolia e Kazakistan. Erano lunghe circa 20 cm e avevano un cranio robusto.

LO SAPEVI?

La Andrias scheuchzeri era una salamandra del Miocene (23-5 mya). Fu chiamata così in onore dello scienziato svizzero Johann Jakob Scheuchzer, che la scoprì nel 1726.

- **Fossili di rane e salamandre** dall'aspetto più moderno sono stati rinvenuti a Messel, in Germania. Risalgono all'Eocene inferiore (circa 50 mya).
- **Alcune rane di Messel** hanno le zampe piegate, come se stessero per saltare. Da Messel vengono anche dei fossili di girino.

▼*Il* Triadobatrachus *è una delle rane più antiche che si conoscano. Rane e salamandre potrebbero discendere dai dissorofoidi, un gruppo di anfibi temnospondili.*

I primi rettili

- **I rettili si sono evoluti** dagli anfibi durante il Carbonifero (359-299 mya).
- **A differenza degli anfibi**, che vivono vicino all'acqua dove depongono le uova, i rettili sono più adatti alla vita sulla terraferma.
- **Rispetto agli anfibi**, i rettili avevano zampe più idonee a camminare, un sistema più efficace per far circolare il sangue nel corpo e un cervello più grande.
- **Avevano muscoli mandibolari** più forti degli anfibi, ed erano predatori migliori. I rettili preistorici si cibavano di millepiedi, ragni e insetti.
- **Uno dei rettili più antichi** è l'*Hylonomus*, una piccola creatura vissuta nel Carbonifero superiore, 315-310 mya.
- **L'*Hylonomus* viveva nelle foreste**, in riva a laghi e fiumi. I resti fossili di questo rettile sono stati rinvenuti all'interno di ceppi di licopodio.
- **Un altro rettile primitivo** era il *Paleothyris*. Come l'*Hylonomus*, era lungo circa 20 cm e aveva la testa più piccola degli anfibi.
- **Un animale che potrebbe rappresentare** un collegamento tra rettili e anfibi è la *Westlothiana lizziae*, rinvenuta in Scozia negli anni '80.
- **La *Westlothiana lizziae*** visse nel Carbonifero inferiore (circa 335 mya).

▲ *L'*Hylonomus, *che significa "abitante della foresta", fu uno dei primi rettili. I cercatori di fossili trovarono i suoi resti in ceppi d'albero fossilizzati a Joggins in Nuova Scozia, Canada.*

Inizialmente, i paleontologi credevano che la *Westlothiana lizziae* fosse il rettile più antico. Tuttavia, la sua colonna vertebrale, la testa e le zampe fanno pensare di più a un anfibio.

Le uova

- **Le uova dei rettili** furono una grande evoluzione rispetto a quelle degli anfibi.
- **I primi anfibi**, come quelli moderni, deponevano le uova in acqua perché erano ricoperte di una gelatina (come le uova di rana oggi) che si sarebbe seccata sulla terraferma.
- **Le uova dei rettili** erano ricoperte da un guscio protettivo. Questo permetteva loro di deporle sulla terraferma senza che si disidratassero.

▲ *Le rane depongono le uova nell'acqua in ammassi sferoidali gelatinosi*

▲ *Una femmina di serpente protegge le sue uova: sono più facili da proteggere sulla terraferma che in acqua.*

▶ *I rettili ruppero il legame tra acqua e riproduzione deponendo uova dal guscio rigido sulla terraferma. Questo guscio di serpente contiene il nuovo organismo (embrione), una fonte di nutrimento (tuorlo) e un liquido protettivo (liquido amniotico).*

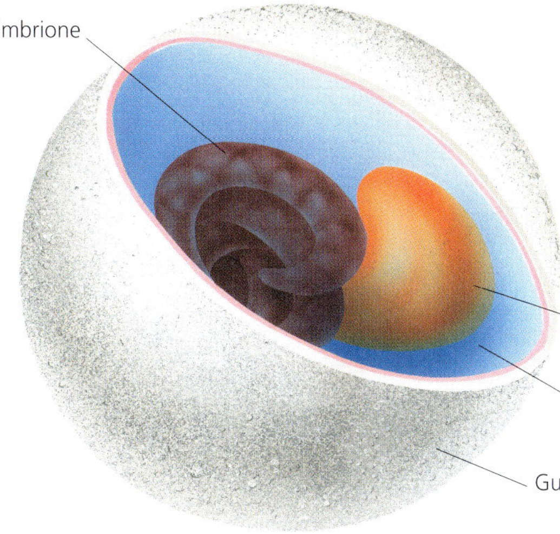

- **Un vantaggio** delle uova con il guscio era che i rettili non dovevano tornare in acqua per deporle.
- **La possibilità di nascondere le uova** sulla terraferma era un altro vantaggio. In acqua, le uova sono bottini facili per i predatori.
- **Gli embrioni dei rettili** completano le fasi della crescita dentro l'uovo. Alla schiusa, sembrano adulti in miniatura.
- **I piccoli anfibi,** al contrario, crescono dall'uovo allo stadio larvale, come i girini. Vivono in acqua respirando con le branchie prima di sviluppare i polmoni per vivere sulla terraferma.
- **I gusci delle uova di rettile** sono duri e proteggono l'embrione. Le uova forniscono all'embrione anche il nutrimento necessario.
- **Nell'evoluzione** da anfibi a rettili, alcuni tetrapodi deponevano uova ricoperte di gelatina sulla terraferma.
- **Molti anfibi odierni** depongono uova ricoperte di gelatina sulla terraferma, come alcune rane tropicali e salamandre di montagna.

Il cranio

- **Le mascelle dei rettili** sono un altro elemento che dimostra come si siano evoluti dagli anfibi.
- **Le mascelle degli anfibi**, infatti, sono fatte per chiudersi a scatto, non per mordere.
- **Al contrario**, i rettili avevano più muscoli mandibolari per serrare forte le mascelle: riuscivano così a frantumare le corazze degli insetti e a masticare i duri fusti delle piante.
- **Già agli inizi del Carbonifero superiore** (circa 300 mya), i rettili avevano sviluppato delle aperture nel cranio dietro le orbite oculari, e quindi più spazio per i muscoli mandibolari.
- **Si svilupparono quattro tipi di cranio**, ciascuno appartenente a un diverso tipo di rettile.
- **Gli anapsidi non avevano aperture nel cranio** oltre a quelle orbitali. Tartarughe e testuggini sono anapsidi.
- **Gli euriapsidi avevano un'apertura** nella parte alta del cranio, su entrambi i lati. Rettili marini come l'*Ichthyosaurus* e il *Plesiosaurus* erano euriapsidi, ma il gruppo è oggi estinto.
- **I sinapsidi avevano un'apertura** alla base del cranio, su entrambi i lati. Da loro discendono i rettili simili ai mammiferi e i mammiferi.
- **I diapsidi avevano due aperture** su ogni lato del cranio. Dinosauri e pterosauri erano diapsidi, così come coccodrilli, lucertole, serpenti e uccelli

LO SAPEVI?

Le piante hanno sviluppato fusti e foglie dure, spine e veleni proprio per proteggersi dai rettili affamati.

▼ *Il* Varanosaurus *era un rettile sinapside lungo un metro, vissuto in America settentrionale durante il Permiano, circa 280-260 mya. Il cranio dei rettili sinapsidi e quello dei mammiferi presentano notevoli somiglianze.*

I sinapsidi

- **I sinapsidi erano tetrapodi** con un'apertura su entrambi i lati alla base del cranio dietro le orbite oculari, a cui si agganciavano i muscoli mandibolari.
- **Apparvero** nel Carbonifero superiore (circa 310 mya), e diventarono il gruppo dominante di animali terrestri nel Permiano (299-252 mya).
- **Sono gli antenati** dei mammiferi: per questo a volte vengono chiamati "rettili simili a mammiferi".
- **I primi sinapsidi** furono i pelicosauri. Erano grossi animali dal corpo pesante che camminavano un po' come i coccodrilli di oggi.
- **Il feroce carnivoro** *Dimetrodon* e l'erbivoro *Edaphosaurus* – entrambi con lunghe spine sul dorso che formavano una specie di vela – erano pelicosauri.
- **I sinapsidi successivi** si chiamano *terapsidi*. I primi terapsidi avevano cranio e mascelle più grandi dei pelicosauri, zampe più lunghe e la coda più corta.
- **I terapsidi più recenti** si dividono in due sottogruppi: i dicinodonti (che significa "due denti da cane") e i cinodonti (che significa "dente da cane").
- **I dicinodonti erano erbivori.** Molti di essi avevano un corpo da ippopotamo e un becco che usavano per recidere i fusti delle piante.

- **I cinodonti erano carnivori.** Erano muniti di denti di diverso tipo che avevano diverse funzioni: trafiggere, mordere e masticare.
- **Alcuni cinodonti** avevano le vibrisse e si pensa che fossero a sangue caldo, come i mammiferi.

▼ *Il* Diictodon *era un minuscolo rettile simile a un mammifero, vissuto circa 255 mya. Era erbivoro e scavava tane. Il Diictodon era un sinapside evoluto chiamato* dicinodonte.

I loricati

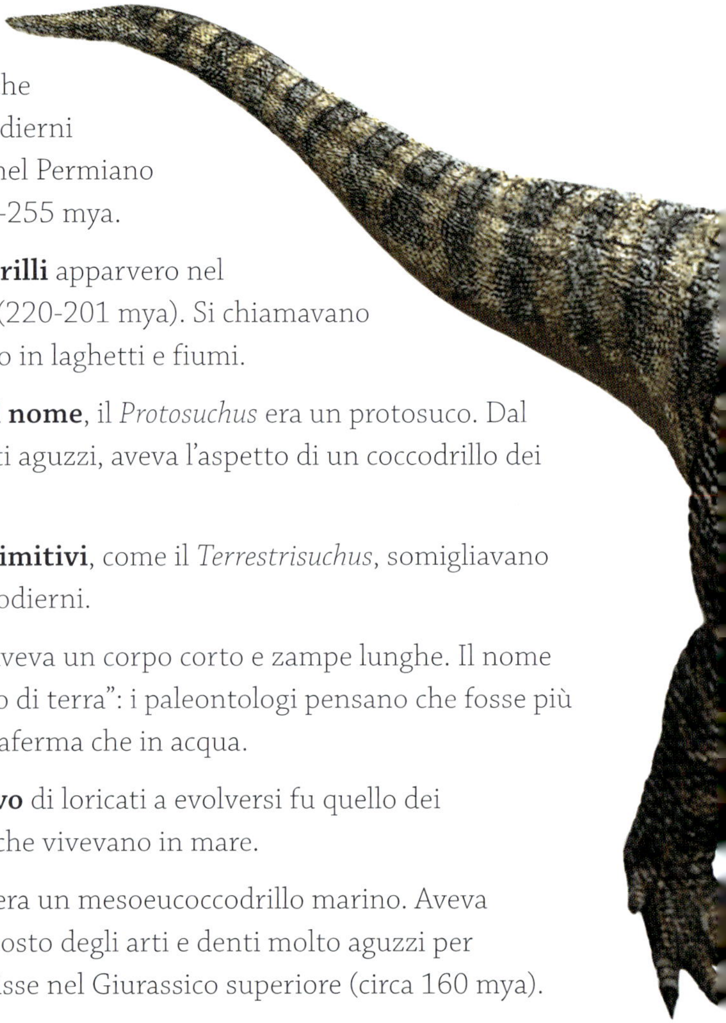

- **L'immenso gruppo dei coccodrillomorfi**, che include coccodrilli odierni ed estinti, apparve nel Permiano superiore, circa 260-255 mya.
- **I primi veri coccodrilli** apparvero nel Triassico superiore (220-201 mya). Si chiamavano *protosuchi* e vivevano in laghetti e fiumi.
- **Come suggerisce il nome**, il *Protosuchus* era un protosuco. Dal cranio corto e i denti aguzzi, aveva l'aspetto di un coccodrillo dei giorni nostri.
- **Altri coccodrilli primitivi**, come il *Terrestrisuchus*, somigliavano meno ai coccodrilli odierni.
- **Il *Terrestrisuchus*** aveva un corpo corto e zampe lunghe. Il nome significa "coccodrillo di terra": i paleontologi pensano che fosse più a suo agio sulla terraferma che in acqua.
- **Il gruppo successivo** di loricati a evolversi fu quello dei mesoeucoccodrilli, che vivevano in mare.
- **Il *Metriorhynchus*** era un mesoeucoccodrillo marino. Aveva pinne natatorie al posto degli arti e denti molto aguzzi per trafiggere i pesci. Visse nel Giurassico superiore (circa 160 mya).

- **Il sottordine degli eusuchi** comprende tutti i coccodrilli moderni, gli alligatori, i gaviali e i caimani.
- **Il *Deinosuchus*, vissuto 80-75** mya, era lungo 11 metri. Si pensava fosse il coccodrillo più grande in assoluto, fino alla recente scoperta dei fossili di Sarcosuchus.

LO SAPEVI?
I coccodrilli attuali sono... fossili viventi! Somigliano infatti ai coccodrilli esistiti 100 mya.

▼ *Fossili di* Protosuchus, *che significa "coccodrillo antico", sono stati rinvenuti in Arizona e risalgono a circa 200 mya. Nonostante la sua somiglianza con i coccodrilli moderni, aveva zampe molto più lunghe.*

Tartarughe e testuggini

▲ *La* Proganochelys, *antica parente delle moderne tartarughe e testuggini, aveva un guscio lungo 60 cm, ma non poteva ritrarre testa o zampe*

- **Tartarughe e testuggini** hanno entrambe gusci che coprono e proteggono il corpo. Appartengono a un gruppo di rettili chiamati chelonidi.
- **I gusci dei chelonidi** si sono evoluti da estensioni ossee delle costole all'esterno del corpo.
- **I primissimi fossili di chelonidi** vengono dal Triassico medio (220 mya). Sono stati rinvenuti in Germania e in Thailandia.
- **Uno dei primi chelonidi** fu la *Proganochelys*.
- **La *Proganochelys*** aveva un guscio ben sviluppato e corazzato, ma secondo i paleontologi non poteva ritrarre testa, zampe e coda.
- **L'abilità di ritrarre** testa, zampe e coda all'interno del guscio è importante per tartarughe e testuggini, perché garantisce loro la massima protezione dai predatori.

LO SAPEVI?
Tartarughe e testuggini hanno un becco senza denti per tagliare carne o piante.

- **I gusci protettivi** di tartarughe e testuggini potrebbero averle aiutate a sopravvivere alla fine del Cretaceo, 66 mya, quando molti altri rettili si estinsero.
- **Le testuggini** hanno gusci più grandi delle tartarughe perché, a differenza delle tartarughe marine, si muovono lentamente sulla terra e hanno bisogno di maggiore protezione.
- **Un gran numero e varietà di fossili** di tartaruga risalenti al Miocene (23-5 mya) sono stati rinvenuti a Riversleigh, in Australia.

▼ *I fossili di* Archelon *mostrano quanto fosse simile alle odierne tartarughe liuto, anche se molto più grande: era lungo fino a 4 m. Gli arti anteriori erano più lunghi e sottili di quelli posteriori, ed erano più utili in acqua.*

I serpenti

- **I serpenti apparvero probabilmente** 120-110 mya. Il *Dinilysia*, rinvenuto in Argentina e databile al Cretaceo superiore, visse circa 80 mya.
- **Esistono fossili precedenti** simili a serpenti, ma i paleontologi pensano che fossero lucertole serpentiformi e non serpenti veri e propri.
- **Gli antenati dei serpenti erano lucertole.** Si pensa che si trattasse di varanidi come il moderno varano, chiamato anche "lucertola guardiano".
- **Un trionfo dell'evoluzione,** i serpenti sono uno dei pochi animali terrestri sprovvisti di arti a sopravvivere e a prosperare.
- **Se paragonati ad altri rettili,** i fossili di serpente sono rari. Questo perché le loro ossa sono delicate e non si fossilizzano bene.
- **I serpenti si sono evoluti** in numerosissime specie a partire dal Paleogene (66-23 mya). Oggi ne esistono oltre 3400 specie che popolano praticamente ogni tipo di habitat.
- **I fossili di 50** mya trovati a Messel, in Germania, includono i resti ben conservati di un antico pitone lungo ben due metri, il *Palaeopython*.
- **I serpenti primitivi** uccidevano le prede stritolandole. I moderni boa e pitoni usano lo stesso metodo per uccidere.
- **Serpenti velenosi** come vipere, marassi e cobra si sono evoluti solo a partire dal Miocene (23-5 mya).

▶ *Il* Titanoboa *è il serpente più grande conosciuto: era lungo 14 metri e pesava 1,2 tonnellate. Popolava le foreste tropicali della Colombia, nell'America meridionale, circa 60 mya e sembra che cacciasse in acqua, come fa l'anaconda.*

LO SAPEVI?

I serpenti sono uno dei pochi gruppi di rettili la cui evoluzione principale ha avuto luogo dopo l'epoca dei dinosauri.

I placodonti

- **Dopo essersi adattati così bene** alla terraferma, alcuni gruppi di rettili si sono evoluti in creature acquatiche.
- **I placodonti furono i primi rettili acquatici.** Vissero nelle acque del Triassico (circa 252-201 mya).
- ***Placodonte*** significa "dente a placca". Questi rettili avevano grossi denti piatti che servivano a schiacciare e frantumare.
- **Apparvero** circa nello stesso periodo di un altro gruppo di rettili acquatici chiamati *notosauri*.
- **Avevano un corpo più tozzo** e robusto rispetto ai notosauri ma, come questi, non sopravvissero a lungo.
- **Il *Placodus* era un placodonte.** Aveva un corpo tozzo, zampe massicce, dita palmate per muoversi in acqua e forse una pinna sulla coda.
- **Il *Placodus*** usava i denti larghi e piatti che sporgevano dalla bocca per estrarre i molluschi dalle rocce o dal fondale.
- **Lo *Psephoderma*** era un placodonte simile a una tartaruga. Aveva il corpo ricoperto di una corazza ossea protetta da dure placche cornee.
- **Lo *Psephoderma* aveva** un becco corneo, come le tartarughe, e arti simili a pale.
- **L'*Henodus* era un altro placodonte** simile a una tartaruga. Era munito di becco, che usava per prendere i molluschi dal fondale.

▶ *Il* Placodus *era lungo fino a 2 m e probabilmente usava i denti sporgenti anteriori per catturare i molluschi sul fondale. I denti laterali simili a placche gli servivano invece per frantumare i molluschi con facilità.*

I notosauri

- **Un altro gruppo di rettili** che tornò a vivere in mare fu quello dei notosauri.
- **Come suggerisce il nome latino**, il *Nothosaurus* era un notosauro. Aveva collo, coda e corpo lunghi e flessibili.
- **Il *Nothosaurus*** era lungo circa 4 metri e pesava circa 250 kg.
- **Le impronte trovate** in alcuni fossili di *Nothosaurus* mostrano che aveva membrane tra le dita.
- **Le mascelle di *Nothosaurus*** erano ricche di denti affilati e a incastro, ideali per sgranocchiare pesci e gamberetti.
- **Il *Ceresiosaurus*** era un altro notosauro. I paleontologi pensano che nuotasse facendo ondeggiare corpo e coda come un pesce
- ***Ceresiosaurus*** significa "lucertola di Ceresio". Era lungo quanto il *Nothosaurus*, ma meno massiccio: pesava solo 120 kg.

- **I notosauri apparvero** all'inizio del Triassico (circa 250 mya), ma alla fine dello stesso periodo si erano già estinti.
- **Il posto lasciato** dall'estinzione dei notosauri fu occupato dai *plesiosauri*, un altro gruppo di rettili marini molto più adatti alla vita acquatica.

▲ *Il* Nothosaurus *era un rettile acquatico che usava i piedi palmati per muoversi sulla terraferma. Vista la lunghezza del collo, poteva essere un antenato dei plesiosauri, molti dei quali avevano il collo lungo.*

LO SAPEVI?

Il Nothosaurus aveva narici sulla sommità del muso, il che suggerisce che emergesse dall'acqua per respirare, come i coccodrilli.

I plesiosauri

- **I plesiosauri erano rettili acquatici** molto diffusi dal Triassico superiore al Cretaceo superiore (210-66 mya).
- **Erano più adatti** alla vita acquatica rispetto a notosauri e placodonti. Usavano i loro arti simili a pinne come pale per darsi la spinta nell'acqua.
- **Molti plesiosauri** avevano un collo lungo e flessibile. Avevano la testa piccola con mascelle forti e denti affilati.
- **La dieta di questi rettili marini** si basava su pesce, calamari e probabilmente pterosauri (rettili volanti), che volavano a pelo d'acqua in cerca di cibo.
- **Il primo fossile di *Plesiosaurus*** fu trovato all'inizio del 1800 da Mary Anning a Lyme Regis, sulla costa meridionale dell'Inghilterra. Il fossile, conservato al Museo di Storia Naturale di Londra, è lungo 2,3 metri.
- **Non era un nuotatore** veloce. Usava i suoi arti simili a pinne per muoversi nell'acqua, ma aveva una coda debole che non gli dava abbastanza spinta.

LO SAPEVI?

L'enorme pliosauride Liopleurodon, uno degli animali marini più grandi della sua epoca, era lungo 10-12 metri.

- **L'*Elasmosaurus***, il plesiosauro più lungo, visse alla fine del Cretaceo, circa 80 mya. Raggiungeva i 14 metri di lunghezza e un peso di 3 tonnellate.

- **I pliosauridi** costituivano un sottordine dei plesiosauri. Avevano un collo molto più corto e una testa più grande, con mascelle e denti davvero enormi.
- **Secondo alcuni studi**, i plesiosauri catturavano le loro prede con rapidi scatti della testa.

▲ *L'*Elasmosaurus *dal collo lungo fu uno degli ultimi plesiosauri. Viveva in un mare poco profondo che copriva l'America settentrionale circa 80 mya.*

Gli ittiosauri

- **Gli ittiosauri somigliavano** agli squali, che sono dei pesci, e ai delfini, che sono mammiferi. Quando un animale inizia a somigliare a un altro, gli scienziati parlano di "evoluzione convergente".
- **A differenza dei plesiosauri**, che utilizzavano gli arti come pale per darsi la spinta, gli ittiosauri facevano oscillare la coda come i pesci.
- **Le centinaia di scheletri completi** dell'ittiosauro rinvenuti mostrano come questo rettile arrivava ai 2 metri e pesava 90 kg.
- **Aveva le ossa delle orecchie** molto sviluppate per percepire le vibrazioni prodotte dalla preda sott'acqua.
- **Alcuni scheletri fossilizzati** di *Ichthyosaurus* e di altri ittiosauri sono stati rinvenuti con i loro embrioni. Questo dimostra che l'ittiosauro partoriva i piccoli invece di deporre le uova.
- **Uno degli ittiosauri più grandi** fu lo *Shastasaurus*, lungo oltre 20 m e dal peso di 25 tonnellate.
- **Gli ittiosauri erano molto diffusi** nel Triassico e nel Giurassico (252-145 mya), ma diventarono più rari nel Giurassico superiore e nel Cretaceo, scomparendo 66 mya.
- ***Ichthyosaurus* significa** "lucertola pesce".
- **I cercatori di fossili hanno trovato** resti di ittiosauro ovunque nel mondo: nelle Americhe, in Europa, in Russia, in India e in Australia.

LO SAPEVI?

Il primo fossile di Ichthyosaurus fu rinvenuto nel 1811 dall'inglese Mary Anning.
Ci vollero sette anni prima che gli scienziati riuscissero a identificarlo come rettile.

▼ *Fossili di rettili marini come l'*Ichthyosaurus *destarono sorpresa all'inizio del 1800, prima della scoperta dei dinosauri. Gli ittiosauri avevano mascelle lunghe e affusolate per catturare pesci e calamari.*

I mosasauridi

- **Un altro gruppo di grossi rettili marini** era quello dei mosasauridi. Apparvero circa 140 mya, quando gli ittiosauri stavano diventando meno numerosi.
- **I mosasauridi erano rettili diapsidi**, come i dinosauri e gli pterosauri. Molti degli altri grossi rettili marini appartenevano invece al gruppo degli euriapsidi.
- **A differenza** di altri giganteschi rettili marini preistorici parenti dei mosasauridi, esistono tutt'ora: sono i varani o lucertole guardiano, come il drago di Komodo.
- **Uno dei mosasauridi** più conosciuti è il *Mosasaurus*, lungo fino a 16 m e pesante 20 tonnellate.
- **Le potenti mascelle del *Mosasaurus*** erano corredate da denti conici, ciascuno con margini diversi per tagliare o frantumare. Tra i rettili marini, era quello dai denti più evoluti.
- **La particolarità** dei denti del *Mosasaurus* ha permesso ai paleontologi di identificare le loro impronte sui fossili di altri animali, come sulla tartaruga gigante *Allopleuron*.
- **Le mascelle del *Mosasaurus*** furono rinvenute nel 1770 in una miniera di argilla a Maastricht, nei Paesi Bassi. Il fossile scomparve quando i francesi invasero la città nel 1795, ma poi riapparve a Parigi.
- **Inizialmente si pensava** che le mascelle appartenessero a una balena o a un coccodrillo preistorico, ma poi si stabilì che erano di una lucertola gigante.

▼ *Il* Mosasaurus *nuotava velocemente. Aveva una coda enorme e arti simili a pale che probabilmente usava come timoni.*

***Mosasaurus* significa** "lucertola del fiume Mosa" perché fu scoperto a Maastricht, nei Paesi Bassi, città attraversata dal fiume Mosa.

Nel 1998, più di 200 anni dopo la scoperta del primo fossile di *Mosasaurus*, i paleontologi trovarono i resti di un altro *Mosasaurus* sempre a Maastricht, nella cava di Sint-Pietersberg.

I ranforincoidei

- **I primi pterosauri** (rettili volanti) furono i ranforincoidei. Apparvero nel Triassico medio-superiore (circa 230-220 mya)
- **I ranforincoidei avevano una lunga coda** che terminava con una banderuola romboidale simile a un timone e dava stabilità in volo: potevano agilmente planare e lanciarsi in picchiata.
- **Uno dei primi ranforincoidei** – e uno dei primi vertebrati volanti – fu il *Peteinosaurus*.
- **Fossili ben conservati** di *Peteinosaurus* sono stati trovati in Italia, vicino a Cene (Bergamo).
- **Rivelano che il *Peteinosaurus*** aveva denti acuminati con cui mangiava gli insetti che catturava in volo.
- **Al contrario**, sempre tra i ranforincoidei primitivi, l'*Eudimorphodon* aveva zanne anteriori e denti posteriori appuntiti. Probabilmente si nutriva di pesci.
- **Il *Dimorphodon*** fu uno dei ranforincoidei del Giurassico inferiore (201-174 mya). Aveva una grande testa simile a quella di un pulcinella di mare.
- **Il *Rhamphorhynchus*** fu uno degli ultimi ranforincoidei, e visse nel Giurassico superiore (circa 160 mya).

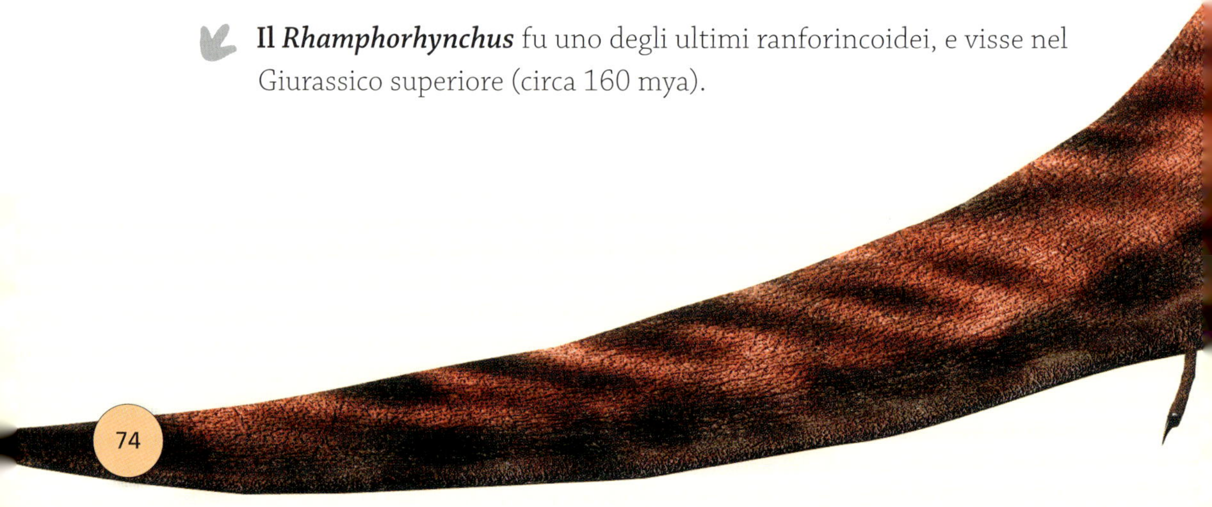

▼ *Il* Dimorphodon *aveva un'apertura alare di circa 1,5 m e il corpo lungo circa un metro. I paleontologi pensano che vivesse lungo le coste e i fiumi.*

LO SAPEVI?

A Solnhofen, in Germania, sono stati rinvenuti fossili di Rhamphorhynchus insieme a quelli dell'uccello primitivo Archaeopteryx.

Gli ultimi pterosauri

- **Gli pterodattili** sono un gruppo di pterosauri più recente rispetto ai ranforincoidei.
- **Vissero nel Giurassico superiore** fino al Cretaceo superiore (circa 160-66 mya).
- **Nonostante gli pterodattili** fossero sprovvisti della lunga coda stabilizzatrice dei ranforincoidei, erano molto più agili in volo rispetto a questi ultimi.
- **Questi pterosauri** erano anche molto più leggeri dei ranforincoidei, perché le loro ossa erano cave.
- **Lo pterodattilo *Pterodactylus*** e il ranforincoide *Rhamphorhynchus* avevano più o meno le stesse dimensioni, ma il *Pterodactylus* pesava tra 1 e 5 kg, mentre il *Rhamphorhynchus* poteva arrivare a 10 kg.
- **Alcuni dei più grandi pterodattili**, come lo *Pteranodon*, apparvero nel Cretaceo superiore e avevano un'apertura alare di oltre 5 m!

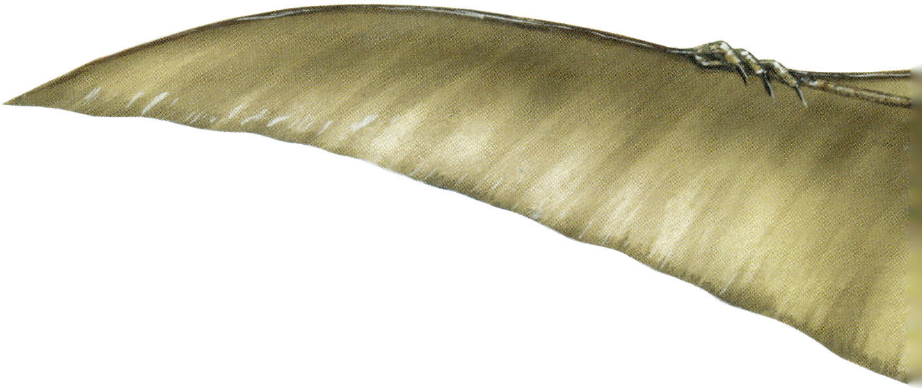

- **A differenza dei primi rettili volanti**, lo *Pteranodon* non aveva denti. Per catturare i pesci, usava il becco lungo e sottile.
- **Sotto la bocca**, lo *Pteranodon* aveva una tasca simile a quella dei pellicani, dove metteva il pesce prima di ingoiarlo.
- **Lo *Pteranodon* pesava** oltre 20 kg. Era più pesante degli pterodattili precedenti: per questo si pensa che preferisse planare invece di volare attivamente.
- **La lunga cresta** sulla testa dello *Pteranodon* poteva servire da timone in volo.

◀ *Il tipo più grande di* Pteranodon *aveva un'apertura alare di oltre 6 m. Vissuto circa 88-80 mya, si nutriva dei pesci che catturava nelle acque poco profonde che coprivano l'America settentrionale.*

I dinosauri

Gli antenati

- **Gli esperti hanno opinioni divergenti** su quale gruppo (o gruppi) di rettili fossero gli antenati dei dinosauri.
- **I primissimi dinosauri** camminavano e correvano sui robusti arti posteriori, e probabilmente i loro predecessori facevano lo stesso.
- **Il nome del gruppo** che includeva gli antenati dei dinosauri era *tecodonti*, che significa "denti infissi negli alveoli". Oggi però questo raggruppamento è considerato obsoleto.
- **Ci sono molti** piccoli rettili, longilinei, bipedi (che si muovono sui due arti posteriori) e dai denti aguzzi che potrebbero darci un'idea dell'aspetto degli antenati dei dinosauri.
- **Il *Lagerpeton***, lungo 70 cm, visse circa 240 mya in Argentina, America meridionale.
- **Il *Marasuchus*** era simile ma ancora più piccolo, lungo meno di 50 cm, e viene anch'esso dall'Argentina
- **Il *Lagosuchus*** era un altro piccolo predatore lungo circa 30 cm della stessa zona, anche se potrebbe coincidere con il *Marasuchus*.
- **L'*Euparkeria*** dell'Africa meridionale risale a 235 mya, ma le sue zampe posteriori non erano così ben sviluppate.

LO SAPEVI?

I primissimi dinosauri vengono dall'America meridionale, e probabilmente lo stesso vale per i loro antenati.

▶ *L'Euparkeria, o "buon animale di Parker", fu identificato nel 1913. Era lungo circa 60 cm, longilineo e agile, e somigliava alle creature da cui probabilmente si sono evoluti i dinosauri.*

I primissimi dinosauri

- **I primi dinosauri** fecero la loro comparsa circa 230 mya, nel Triassico medio.
- **Questi dinosauri** erano carnivori di piccole o medie dimensioni con denti aguzzi e artigli. Correvano veloci sulle due lunghe e robuste zampe posteriori.
- **Fossili di *Herrerasaurus*** risalenti a 230 mya sono stati rinvenuti vicino a San Juan in Argentina, America meridionale.
- **L'*Herrerasaurus* era lungo** dai 3 ai 5 metri, e pesava probabilmente 200-250 kg.
- **Forse poco prima**, circa 231 mya, e nella stessa zona dell'*Herrerasaurus*, era vissuto un dinosauro dall'aspetto simile chiamato Eoraptor, lungo solo 1-1,5 m e dal peso di 10 kg.
- **Il nome *Eoraptor*** significa "cacciatore dell'alba" o "ladro mattiniero".
- **Lo *Staurikosaurus*** era un carnivoro simile all'*Herrerasaurus*. Visse circa 225 mya nell'odierno Brasile, in America meridionale.

LO SAPEVI?

Eoraptor e Herrerasaurus cacciavano animali di piccola taglia come lucertole, insetti e rettili lacertiformi.

- Il ***Procompsognathus*** fu uno dei primi carnivori. Visse 210 mya nel Triassico superiore in Germania.
- **Il *Pisanosaurus* visse in Argentina** nel Triassico superiore, ed era lungo solamente un metro. Potrebbe essere stato un erbivoro.

▼ *Uno dei primissimi carnivori, l'*Herrerasaurus*, visse circa 230 mya. La scoperta di uno scheletro quasi completo nel 1988 ne ha permesso una buona ricostruzione.*

Eodromaeus ed Eoraptor

- L'***Eodromaeus*** era uno dei tanti piccoli dinosauri bipedi (che camminavano su due zampe) dei primissimi tempi.
- **Resti fossili sono stati rinvenuti** in Argentina nel 1996, anche se all'inizio furono attribuiti a un suo simile, l'*Eoraptor*.
- **Studi successivi dimostrarono** nel 2011 che erano di un dinosauro diverso, l'*Eodromaeus*, che significa "corridore dell'alba".
- **L'*Eodromaeus*** visse circa 230 mya, agli inizi del Triassico superiore: si tratta di uno dei più antichi dinosauri conosciuti.
- **Era piuttosto piccolo**: era lungo in tutto 1,2 m e pesava dai 4 ai 6 kg.

- **Aveva zampe posteriori** molto più grosse, lunghe e forti delle anteriori, che erano più simili a braccia.
- **La sua corporatura** fa pensare una creatura veloce e agile che poteva facilmente eludere i predatori più grossi.
- **La velocità massima stimata** dell'*Eodromaeus* era tra i 25 e i 40 km/h.
- **Come l'*Eoraptor***, l'*Eodromaeus* probabilmente catturava insetti, vermi e piccoli rettili.

LO SAPEVI?

L'Eoraptor aveva insoliti denti a forma di foglia nella parte anteriore della bocca. Nella parte posteriore aveva i tipici denti aguzzi e ricurvi dei carnivori.

*L'Eoraptor, o "ladro mattiniero", era simile all'*Eodromaeus *per dimensioni: un metro dal naso alla punta della coda. Predava qualsiasi tipo di piccola creatura.*

Il Coelophysis

- **Il *Coelophysis* era un dinosauro piccolo e agile** vissuto agli inizi dell'epoca dei dinosauri, circa 220-200 mya.
- **Un'enorme quantità** di fossili di *Coelophysis* fu rinvenuta negli anni '40 in un luogo chiamato Ghost Ranch, nel Nuovo Messico, USA.
- **Centinaia di esemplari di *Coelophysis*** giacevano insieme a Ghost Ranch: forse un branco annegato durante un'inondazione.
- **Il *Coelophysis* era lungo quasi 3 m**. Dalla corporatura esile e leggera, pesava probabilmente solo 15-25 kg.

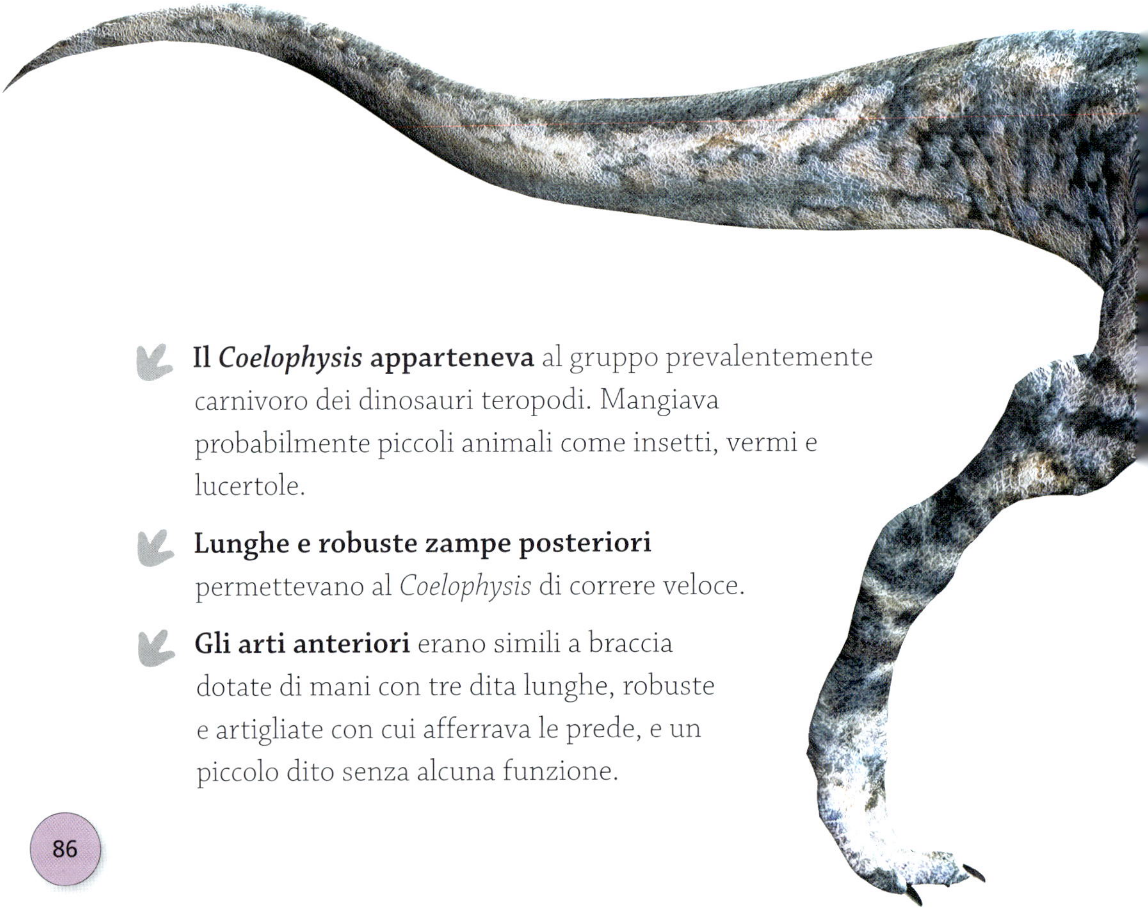

- **Il *Coelophysis* apparteneva** al gruppo prevalentemente carnivoro dei dinosauri teropodi. Mangiava probabilmente piccoli animali come insetti, vermi e lucertole.
- **Lunghe e robuste zampe posteriori** permettevano al *Coelophysis* di correre veloce.
- **Gli arti anteriori** erano simili a braccia dotate di mani con tre dita lunghe, robuste e artigliate con cui afferrava le prede, e un piccolo dito senza alcuna funzione.

- **Il suo cranio da uccello** era pieno di piccoli denti aguzzi.
- ***Coelophysis* significa** "forma cava": alcune delle sue ossa erano infatti cave, come quelle degli uccelli, e formavano una struttura leggera.

▲ *Il* Coelophysis, *che camminava sulle lunghe zampe posteriori, arrivava in altezza quasi alla vita di una persona.*

Il Dilophosaurus

- **Il *Dilophosaurus*** era un grande dinosauro teropode carnivoro vissuto circa 195-190 mya.
- **Fossili di *Dilophosaurus*** sono stati trovati in Arizona, USA, e in altre zone degli Stati Uniti.
- **I fossili in Arizona** furono scoperti da Jesse Williams, un indiano Navajo, nel 1942.

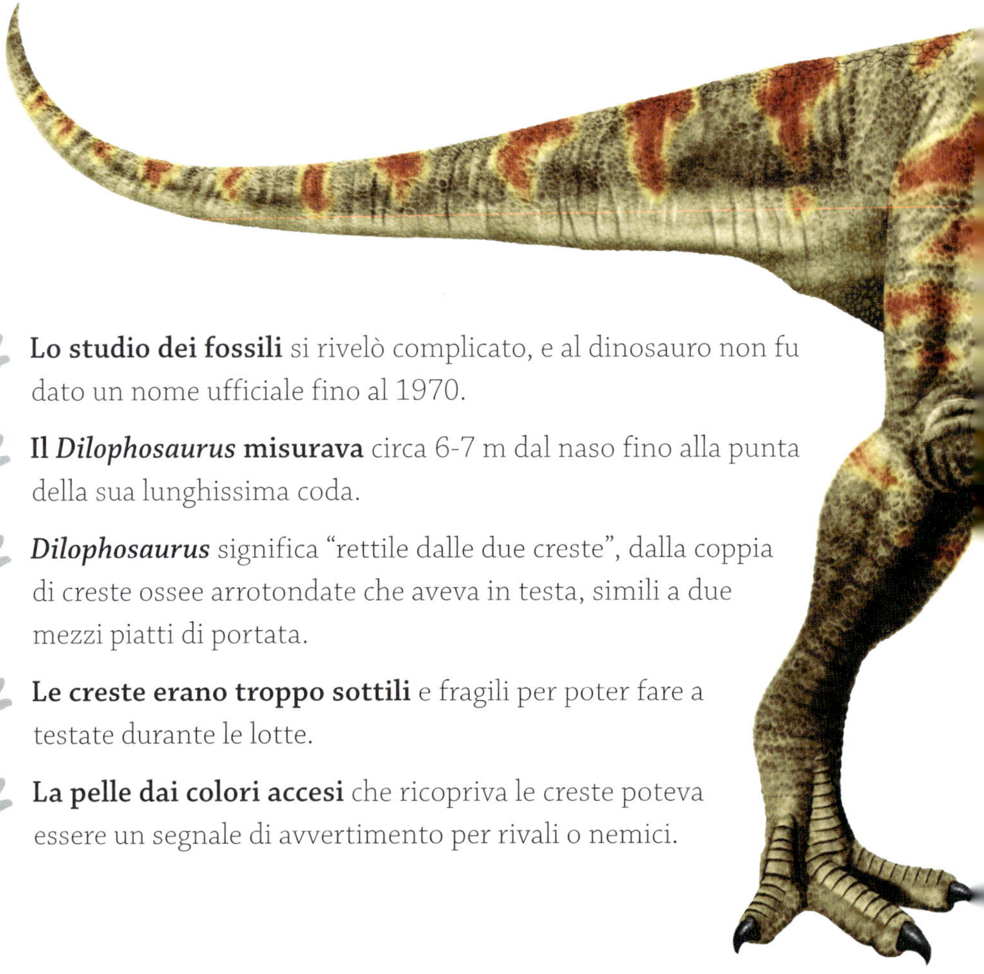

- **Lo studio dei fossili** si rivelò complicato, e al dinosauro non fu dato un nome ufficiale fino al 1970.
- **Il *Dilophosaurus* misurava** circa 6-7 m dal naso fino alla punta della sua lunghissima coda.
- ***Dilophosaurus*** significa “rettile dalle due creste”, dalla coppia di creste ossee arrotondate che aveva in testa, simili a due mezzi piatti di portata.
- **Le creste erano troppo sottili** e fragili per poter fare a testate durante le lotte.
- **La pelle dai colori accesi** che ricopriva le creste poteva essere un segnale di avvertimento per rivali o nemici.

▼ *Il* Dilophosaurus *è uno dei primi grandi e possenti dinosauri predatori conosciuti grazie ai fossili.*

LO SAPEVI?

Il Dilophosaurus pesava probabilmente più di 500 kg, come uno dei più grandi orsi polari di oggi.

L'Eustreptospondylus

- **L'*Eustreptospondylus* era un grande carnivoro** vissuto nelle zone odierne dell'Oxfordshire e del Buckinghamshire, in Inghilterra, circa 165-160 mya.

- **Negli anni '70 del 1800**, lo scheletro quasi completo di un giovane *Eustreptospondylus* fu trovato vicino a Oxford e attribuito al *Megalosaurus*, l'unico altro grande carnivoro della regione.
- **Nel 1964**, l'esperto di fossili britannico Alick Walker dimostrò che il dinosauro di Oxford non era un *Megalosaurus*, e lo chiamò *Eustreptospondylus*.
- **Un *Eustreptospondylus* adulto** misurava circa 6 m e poteva pesare oltre 400 kg, mentre l'esemplare di Oxford era cresciuto solo in parte.
- **Nella sua bocca enorme**, l'*Eustreptospondylus* aveva tanti piccoli denti aguzzi.
- **L'*Eustreptospondylus*** predava presumibilmente sauropodi come *Cetiosaurus* e *Stegosaurus*, due dinosauri che a quei tempi popolavano la stessa zona.

LO SAPEVI?

Eustreptospondylus significa "colonna vertebrale ben curvata", per la disposizione della sua colonna vertebrale ricostruita grazie ai fossili.

▼ *I fossili di* Eustreptospondylus *furono ritrovati insieme a quelli di creature marine: questo suggerisce che andasse a caccia lungo le coste. Questo teropode di medie dimensioni pesava più o meno quanto due grossi leoni.*

Il Baryonyx

- **Il *Baryonyx*** era un grande dinosauro carnivoro vissuto circa 130 mya.
- **Il primo fossile** di *Baryonyx* rinvenuto fu l'enorme artiglio del pollice, trovato a Surrey, in Inghilterra, nel 1983.
- **La lunghezza totale** del *Baryonyx* era di 9-10 m.
- **Il *Baryonyx* aveva un corpo affusolato** con una coda lunga e stretta, e pesava meno di 2 tonnellate.

LO SAPEVI?

Uno scheletro fossile di Baryonyx è stato rinvenuto completo per due terzi. L'insolito ritrovamento ha permesso di studiare in dettaglio il suo stile di vita.

- **Aveva un muso insolito** per un dinosauro carnivoro, perché era molto lungo e stretto, simile a quello degli odierni coccodrilli.
- **Aveva denti** lunghi e sottili, soprattutto nella parte anteriore della bocca.
- **Le somiglianze** tra il *Baryonyx* e i coccodrilli hanno portato a pensare che il *Baryonyx* fosse un dinosauro piscivoro.

- **Si appostava** negli acquitrini o in riva ai fiumi e catturava i pesci con fulminei scatti della testa, grazie al collo lungo e flessibile.
- **Il grosso artiglio del pollice**, lungo ben 35 cm, gli serviva per pescare i pesci o gli anfibi dall'acqua.
- **Il nome di questo dinosauro** deriva dalla sua caratteristica più evidente: *Baryonyx* significa infatti "artiglio pesante".

◀ *Fossili di* Baryonyx *sono stati rinvenuti insieme a resti di scaglie di pesce: questo fa pensare che fosse un cacciatore di pesci semi-acquatico.*

L'Allosaurus

- **Un grande carnivoro**, l'*Allosaurus* aveva quasi le stesse dimensioni del *Tyrannosaurus*. Visse circa 155-150 mya, nel Giurassico superiore.
- **L'*Allosaurus* era lungo 11-12 m** e si stima che il suo peso andasse da 1,5 a 4 tonnellate.
- **La testa** misurava quasi un metro, ma il cranio era molto leggero, con due grandi aperture o "finestre" ricoperte di muscoli e di pelle.
- **Riusciva a spalancare le mascelle**, ma era anche in grado di fletterle per allargare la bocca al massimo e dare morsi ancora più possenti.
- **Gran parte dei fossili di *Allosaurus*** vengono dal Midwest americano, in particolare da Utah, Colorado e Wyoming.
- **L'*Allosaurus* si cibava** di giganteschi dinosauri sauropodi come il *Diplodocus*, il *Camarasaurus* e il *Brachiosaurus*.
- **Fossili simili all'*Allosaurus*** sono stati identificati in Europa e Africa, e un suo esemplare "in miniatura" è stato trovato in Australia.

LO SAPEVI?

I resti di 60 esemplari di Allosaurus sono stati trovati nel sito di Cleveland-Lloyd Dinosaur Quarry (Utah, USA).

▲ *L'*Allosaurus *era grande quasi come un* Tyrannosaurus, *ma visse 90 milioni di anni prima.*

Il Carnotaurus

- **Il grande e possente** *Carnotaurus* appartiene al gruppo dei dinosauri teropodi. Visse circa 75-70 mya.
- **I fossili di** *Carnotaurus* vengono per lo più dalla zona di Chubut in Argentina.
- **Un dinosauro di medie dimensioni**, il *Carnotaurus* era lungo circa 8-9 m e pesava più di una tonnellata.
- **Aveva un cranio** relativamente alto e corto, se paragonato a quello di altri carnivori come l'*Allosaurus* e il *Tyrannosaurus*. Questo conferiva al muso del *Carnotaurus* un aspetto piatto e schiacciato.
- **Carnotaurus** significa "toro che mangia carne", e fa in parte riferimento al suo muso da toro.
- **Questo carnivoro aveva** due creste ossee coniche simili a corna, una sopra ciascun occhio.
- **File di squame** più grosse e sporgenti gli percorrevano il dorso dalla testa alla coda.
- **Come il *Tyrannosaurus***, aveva corti arti anteriori che non arrivavano alla bocca, probabilmente di nessuna utilità.
- **Il *Carnotaurus* mangiava** dinosauri erbivori come il *Chubutisaurus*, nonostante non avesse denti e mascelle particolarmente grandi e forti.

▼ *I primi, e finora gli unici, resti fossili di Carnotaurus furono scoperti nel 1984 e il dinosauro fu identificato nel 1985. Aveva piccole squame simili a sassolini incastrate nella pelle.*

Lo Yutyrannus

- **Identificato nel 2012**, lo *Yutyrannus* o “tiranno piumato” è un grande dinosauro predatore dello stesso gruppo del *Tyrannosaurus*.
- **Visse** quasi 60 milioni di anni prima del *Tyrannosaurus*, circa 125 mya, nell’odierna Cina del nord-ovest.
- **Lo *Yutyrannus* era lungo quasi 9 m** e poteva pesare oltre 1,5 tonnellate.
- **È il più grande dinosauro** conosciuto di cui siano state rinvenute piume insieme a fossili di ossa e denti.
- **Le piume erano sottili**, flessibili e filamentose, lunghe poco più di 15 cm.

- **In vari ritrovamenti**, lo *Yutyrannus* ha diverse parti del corpo ricoperte di piume. Se si uniscono tutti, risulta che i filamenti ricoprivano la maggior parte del dinosauro.
- **Il cranio dell’esemplare più grande** di *Yutyrannus* è lungo quasi un metro.

- **Aveva un piccolo "corno"** sopra ciascun occhio, come molti altri tirannosauridi.
- **Come i suoi simili**, lo *Yutyrannus* era un predatore possente con una bocca enorme e molti denti aguzzi.

◀ *Lo* Yutyrannus *viveva in una regione molto fredda 125 mya, e le piume gli servivano probabilmente a regolare la temperatura corporea.*

Il Tyrannosaurus

- Il *Tyrannosaurus* non è soltanto uno dei dinosauri più famosi, ma anche quello di cui sappiamo di più. Numerose scoperte hanno infatti portato alla luce ossa, denti e interi scheletri fossilizzati.
- **Il *Tyrannosaurus* visse** alla fine dell'epoca dei dinosauri, circa 68-66 mya. Era lungo 12 m e pesava 7 tonnellate.
- **Il nome completo** è *Tyrannosaurus rex* (o *T. rex*), che significa "re lucertola tiranno".
- **La testa** era lunga 1,2 m e aveva più di 50 denti simili a pugnali lunghi fino a 20 cm.
- **I fossili di *T. rex*** sono stati rinvenuti in molti siti in America settentrionale, tra cui Alberta e Saskatchewan in Canada, ma anche in Colorado, Wyoming, Montana e Nuovo Messico.
- **Le braccia e le mani** del *T. rex* erano troppo corte per permettergli di portare il cibo alla bocca, quindi non avevano alcuna funzione.
- **Recenti ritrovamenti fossili** di un gruppo di *T. rex* includono esemplari giovani: questo suggerisce che le famiglie vivessero in piccoli branchi.
- **Si pensa che il *T. rex*** fosse un cacciatore feroce che rincorreva le prede a grandi falcate, oppure che tendesse agguati ad animali vecchi e malati.
- **Fino agli anni '90** si pensava che il *T. rex* fosse il più grande dinosauro carnivoro, nonché il più grande carnivoro mai esistito sulla Terra, ma il suo record è stato battuto prima dal *Giganotosaurus* e poi dallo *Spinosaurus*.

▼ *In confronto alle possenti zampe posteriori, gli arti anteriori o "braccia" del* T. rex *erano davvero minuscoli. Mentre correva, la grossa coda bilanciava il peso del corpo e della testa, che teneva bassa. I piedi enormi, ciascuno con tre dita, reggevano 3-4 tonnellate di peso.*

Il Carcharodontosaurus

- **Il *Carcharodontosaurus*** fu uno dei dinosauri carnivori e predatori terrestri più grandi, gareggiando in dimensioni con il *T. rex* e altri giganti.
- **Alcuni dei suoi fossili** sono così dettagliati che nella cavità del cranio si può distinguere la forma del cervello, tra cui le zone che controllavano vista e olfatto.

- **I denti del *Carcharodontosaurus*** erano lunghi circa 20 cm e di forma triangolare.
- **L'intero dinosauro** era lungo circa 13 m e aveva una corporatura robusta, con un peso stimato di 10 tonnellate.
- **Unendo vari ritrovamenti**, si è scoperto che il cranio arrivava a 1,7 m di lunghezza.
- **Il *Carcharodontosaurus* visse** in Africa settentrionale circa 100-95 mya, quando la regione era ricca di fiumi, laghi, paludi e foreste.
- **I primi fossili furono rinvenuti** nel 1925, ma resti più grandi trovati negli anni '90 hanno rivelato le sue vere dimensioni.
- **Il *Carcharodontosaurus* apparteneva** al gruppo dei *Carnosauria*, che inizialmente includeva tutti i carnivori, ma che recentemente è stato limitato soltanto ad alcuni tipi.

Un cugino del *Carcharodontosaurus* potrebbe essere stato l'Allosaurus, di dimensioni simili ma vissuto circa 50 milioni di anni prima.

LO SAPEVI?

Carcharodontosaurus significa "lucertola dai denti di squalo", per il margine seghettato della dentatura che lo accomuna al grande squalo bianco Carcharodon carcharias.

◀ *Il* Carcharodontosaurus *non era il più grande predatore dell'epoca: lo Spinosaurus, più grande di lui, si aggirava nella sua stessa zona circa 100 mya.*

Il Giganotosaurus

- **Nel 1994** si diffuse la sensazionale notizia della scoperta dei resti di un dinosauro carnivoro ancora più grande del *T. rex* in Patagonia, nel sud dell'Argentina.
- **La nuova scoperta** fu battezzata *Giganotosaurus*, "lucertola gigante del sud".
- **Si stima che il *Giganotosaurus*** raggiungesse i 13 m di lunghezza e pesasse tra le 8 e le 10 tonnellate.
- **Inizialmente si pensava che il cranio fosse lungo** 1,8 m, che sono stati poi ridotti a 1,6 m. Si tratta comunque di un cranio di dinosauro tra i più grandi.
- **I resti di *Giganotosaurus*** furono trovati da Rubén Carolini, un meccanico che nel tempo libero andava a caccia di fossili.
- **Il nome completo è *Giganotosaurus carolinii***, in onore del suo scopritore.
- **Carolini diventò** il direttore del Museo comunale di Villa El Chocón, che celebra la sua grande scoperta.
- **Il ritrovamento principale** di *Giganotosaurus* era straordinario, completo per quasi tre quarti.
- **Il *Giganotosaurus* visse** circa 100-95 mya.

▲ *Su ogni mano, il* Giganotosaurus *aveva tre dita armate di artigli. Mani e braccia non erano così piccole come quelle del* T. rex.

Non lontano, furono ritrovati i fossili dell'enorme erbivoro *Argentinosaurus*, vissuto all'incirca nello stesso periodo... Forse una vittima del *Giganotosaurus*?

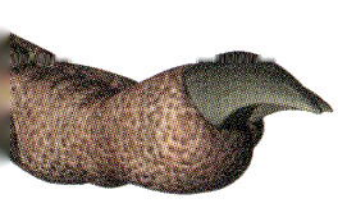

Lo Spinosaurus

- **A oggi non sono stati trovati dinosauri carnivori**, né altri carnivori terrestri, più grandi dello *Spinosaurus*.
- **Questo enorme predatore** si conosce da oltre 100 anni, ma i nuovi ritrovamenti degli anni ’90 e 2000 hanno dimostrato che batte tutti i record.
- **I primi fossili di *Spinosaurus*** arrivarono dall’Egitto nel 1912. Furono identificati nel 1915 dal paleontologo tedesco Ernst Stromer.
- **Questi fossili**, conservati nel Museo di Monaco, in Germania, andarono distrutti nel 1944 in un bombardamento della Seconda Guerra Mondiale. Nel 1996, 1998, 2000, 2002 e 2005, altri fossili di *Spinosaurus* furono rinvenuti in Africa settentrionale.
- **Questo gigante era lungo** più di 14 m e pesava oltre 9 tonnellate, forse addirittura 15.
- **Alti prolungamenti ossei** lungo la schiena, le cosiddette spine neurali, sostenevano una struttura a vela fatta di pelle o forse una gobba carnosa.
- **I resti di *Spinosaurus*** portarono all’identificazione di un nuovo gruppo di grossi dinosauri predatori, gli spinosauridi, che includevano anche il *Giganotosaurus*, il *Carcharodontosaurus*, il *Baryonyx*, l’*Oxalaia* e il *Suchomimus*.

▶ *Lo* Spinosaurus *aveva cranio e mascelle lunghi e schiacciati, come i coccodrilli, gli alligatori e il* Baryonyx, *un dinosauro di dimensioni più modeste.*

L'Ornitholestes

- L'***Ornitholestes*** era un piccolo carnivoro appartenente al gruppo dei teropodi.
- ***Ornitholestes*** significa "ladro di uccelli": gli esperti che analizzarono i suoi fossili agli inizi del 1900 pensavano che predasse uccelli primitivi.
- **L'*Ornitholestes* visse** in realtà nell'odierno Wyoming, negli USA, un continente lontano dagli uccelli primitivi dell'Europa.
- **È stato rinvenuto un unico esemplare** di *Ornitholestes*. Resti di una zampa anteriore trovati altrove sono stati attribuiti a un altro dinosauro.
- **L'*Ornitholestes* era lungo** circa 2 m dal naso alla coda e si pensa pesasse circa 12-15 kg.

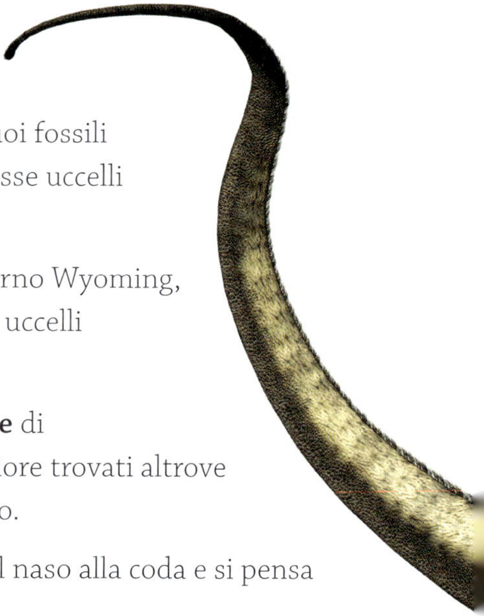

LO SAPEVI?

Alcuni esperti affermano che l'Ornitholestes avesse sul naso una piccola cresta, mentre altri non sono d'accordo.

- **Aveva denti piccoli** e ben distanziati, ma anche aguzzi e taglienti, ideali per catturare piccoli animali.

L'*Ornitholestes* aveva braccia molto forti e mani con dita possenti e lunghi artigli, ideali per catturare i piccoli di dinosauro appena usciti dalle uova.

▼ *L'*Ornitholestes *poteva far affidamento sulla sua velocità e su una vista e un olfatto eccellenti.*

L'Oviraptor

- **L'*Oviraptor* era un carnivoro insolito** appartenente al gruppo dei dinosauri teropodi. Visse nel Cretaceo superiore, circa 75 mya.
- **I suoi fossili** vengono dalla provincia di Ömnögovi nel deserto del Gobi, in Asia centrale.
- **Dal becco alla coda**, l'*Oviraptor* era lungo circa 2 m.
- **È stato chiamato "ladro di uova"** perché i suoi fossili sono stati rinvenuti insieme a uova rotte che si pensava fossero di un *Protoceratops*. Probabilmente le uova appartenevano invece allo stesso *Oviraptor*, che le stava covando e proteggendo.
- **L'*Oviraptor* era privo di denti.** Al loro posto aveva un becco forte e ricurvo, come i pappagalli o le aquile.
- **Sulla fronte**, l'*Oviraptor* aveva una protuberanza ossea arrotondata, una specie di cresta o elmetto, che gli sporgeva davanti agli occhi.
- **L'elmetto dell'*Oviraptor*** fa pensare al casuario, un grande uccello odierno incapace di volare.

LO SAPEVI?

L'Oviraptor aveva due speroni ossei all'interno della bocca con cui frantumava le uova quando chiudeva le mascelle.

- **Si pensa che l'*Oviraptor* mangiasse uova** o molluschi, aprendoli con il becco robusto.

◀ *Caratteristiche insolite dell'*Oviraptor *erano il becco simile a quello di un pappagallo e il corpo ricoperto di piume filamentose.*

I dinosauri più piccoli

▶ *La coda del* Compsognathus *era lunga circa la metà dell'intero corpo.*

- **Uno dei dinosauri più piccoli** fu il *Compsognathus*, vissuto nel Giurassico superiore, 155-150 mya.
- **I fossili** vengono dall'Europa, soprattutto da Germania settentrionale e Francia sud-orientale.
- **Il *Compsognathus* era lungo** probabilmente poco più di un metro e pesava meno di 3 kg.
- **Aveva piccoli denti taglienti e ricurvi** con cui probabilmente setacciava il sottobosco a caccia di insetti, ragni, vermi e altre piccole prede.
- **Scoperto nel 2004** in Cina, *Mei* era lungo solo 50 cm. Non è solamente uno dei più piccoli dinosauri rinvenuti, ma anche quello con il nome più corto, di sole tre lettere.
- ***Mei* è stato trovato** raggomitolato su se stesso, con la testa piegata sotto uno degli arti anteriori: la stessa posizione che assumono gli uccelli mentre dormono.

▶ *Il piccolo dinosauro* Mei. *Il suo nome completo,* Mei long, *significa "drago dormiente".*

- **I più piccoli scheletri fossili di dinosauro** trovati finora appartengono al *Mussaurus*, o "lucertola topolino". Si tratta dei resti di piccoli appena usciti dalle uova, lunghi solo 20 cm, che avrebbero raggiunto da adulti i 3 metri di lunghezza.
- **Altri due piccoli dinosauri** erano il *Caenagnathasia*, lungo 60 cm, e il *Parvicursor*, lungo 40 cm.

Caccia in branco

- **I dinosauri erano rettili**, ma nessun rettile oggi caccia in branco, né i membri del branco si aiutano a vicenda.
- **Alcuni tipi di coccodrilli** e alligatori si riuniscono per cacciare dove le prede sono abbondanti, ma non sferrano attacchi coordinati.
- **Alcuni ritrovamenti fossili indicano** che molte specie di dinosauri carnivori cacciavano in branco.
- **A volte, fossili** di molti esemplari dello stesso tipo di dinosauro sono stati ritrovati in uno stesso luogo: questo fa pensare che vivessero in branco.
- **Ossa fossili** di alcuni dinosauri erbivori riportano impronte di denti, a quanto pare appartenenti a predatori di diverse dimensioni che potrebbero aver cacciato in branco.
- **Il *T. rex*** probabilmente cacciava in branco.
- **In molti siti dell'America settentrionale** sono stati trovati resti di numerosi esemplari di *Deinonychus* accanto ai fossili di un erbivoro molto più grande, il *Tenontosaurus*.
- **Un *Deinonychus*** non avrebbe attaccato da solo un adulto di *Tenontosaurus*, ma un gruppo di tre o quattro forse l'avrebbe fatto.

▼ *È probabile che piccoli dinosauri predatori come il* Troodon *cacciassero o andassero alla ricerca di carogne in branco.*

I raptor

- **Raptor è il soprannome** dei dromaeosauridi. Può significare “predatore”, “ladro” o “cacciatore” (il termine in inglese indica anche gli uccelli rapaci).
- **I dromaeosauridi** erano dinosauri carnivori di medie o grandi dimensioni, possenti e agili, vissuti circa 110-66 mya.
- **In genere, i dromaeosauridi** erano lunghi 1,5-3 m, pesavano 20-60 kg e raggiungevano 1-2 m di altezza.
- **Il *Velociraptor* visse** 75-70 mya, nell’odierna zona desertica della Mongolia, in Asia centrale.
- **Come altri *raptor***, probabilmente il *Velociraptor* correva veloce e faceva grandi salti grazie alle possenti zampe posteriori.
- **I dromaeosauridi** devono il loro nome al *Dromaeosaurus* lungo 1,8 m trovato in America settentrionale, uno dei meno noti del gruppo a causa dei pochi fossili rinvenuti.

LO SAPEVI?

Il secondo dito del piede dei dromaeosauridi era munito di un grande artiglio ricurvo con cui laceravano la carne delle loro prede.

- **Il *raptor* più studiato** è probabilmente il *Deinonychus*.
- **L'enorme bocca** dei dromaeosauridi si allargava molto ed era dotata di tanti piccoli denti aguzzi e ricurvi.

◀ *Il* Velociraptor, *o "ladro veloce", apparteneva ai dromaeosauridi. I suoi fossili sono stati trovati in Asia centrale. Molti* raptor *erano dotati di piume, anche se non sempre ci sono fossili che lo dimostrano.*

Il Deinonychus

- Il ***Deinonychus*** è uno dei *raptor* più conosciuti.
- ***Prosperava*** nel Cretaceo medio, circa 115-105 mya.
- **I fossili di *Deinonychus*** vengono dal Midwest americano, principalmente da Montana e Wyoming.
- **Il *Deinonychus* era lungo** circa 3-3,5 m in tutto e pesava 60-70 kg, più o meno l'equivalente di un essere umano adulto.

- **La scoperta e lo studio del *Deinonychus*** negli anni '60 demolirono il mito che dipingeva i dinosauri come creature dal cervello piccolo, lente e stupide.
- **Possente, veloce e agile**, il *Deinonychus* cacciava probabilmente in branco, come fanno oggi i leoni e i lupi.
- **Aveva grandi mani** dotate di tre dita possenti che terminavano con pericolosi artigli appuntiti.
- **Il *Deinonychus* aveva anche** l'enorme artiglio a forma di falce tipico dei *raptor* sul secondo dito del piede.
- **La coda era rigida** e non poteva essere agitata.
- **Il *Deinonychus* e altri dromaeosauridi** come il *Velociraptor* ispirarono i creatori degli astuti e terribili *raptor* protagonisti dei film *Jurassic Park*.

▶ *Non ci sono fossili che confermano la presenza di piume sul Deinonychus, ma i resti di molti altri raptor mostrano piume di vari tipi, non adatte al volo, ma usate come isolante o per sfoggio per la riproduzione.*

L'Archaeopteryx

- **Il primissimo uccello conosciuto** vissuto nell'epoca dei dinosauri di cui siano stati trovati resti fossili è l'*Archaeopteryx*, che significa "antica ala".
- **L'*Archaeopteryx*** visse in Europa nel Giurassico superiore, circa 150-147 mya.
- **Lungo circa 50-60 cm in tutto**, l'*Archaeopteryx* aveva le dimensioni di un grosso corvo.
- **L'Archaeopteryx sembrava** un piccolo dinosauro carnivoro, soprattutto per i denti, la lunga bocca simile a un becco, e la lunga coda ossea.
- **Nel 1951**, il fossile parziale di uno scheletro fu attribuito a un piccolo dinosauro simile al *Compsognathus*, ma studi condotti negli anni '70 lo attribuirono all'*Archaeopteryx*: questo dimostra quanto fossero simili.

- **Tre dita artigliate** crescevano verso la metà della parte anteriore delle ali dell'*Archaeopteryx*.
- **I muscoli del volo** erano ancorati al suo ampio sterno.
- **L'Archaeopteryx probabilmente volava**, ma non era veloce o agile come gli uccelli odierni.

LO SAPEVI?

L'Archaeopteryx era ricoperto di piume con gli stessi disegni dettagliati che si trovano in quelle dei moderni uccelli.

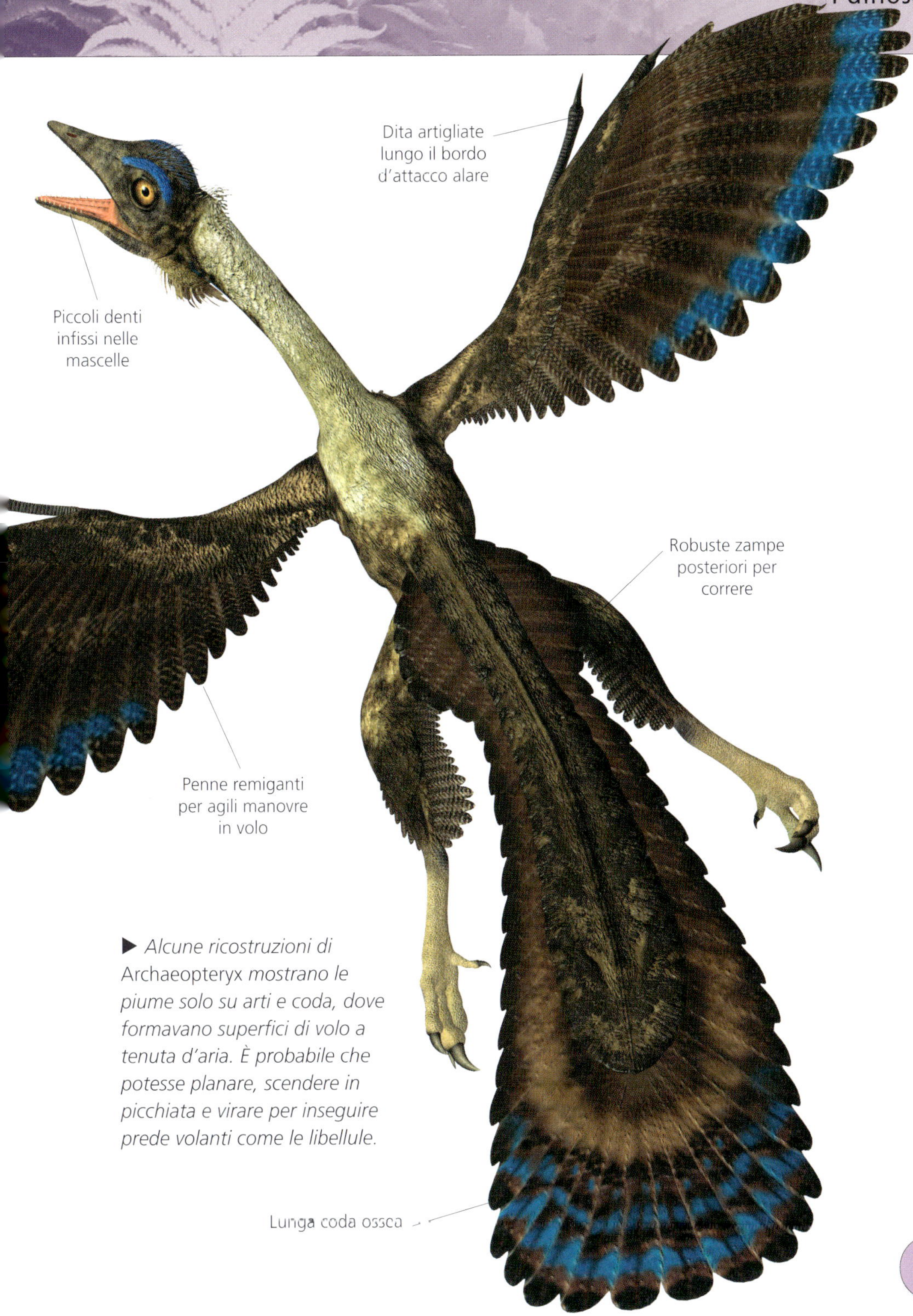

▶ *Alcune ricostruzioni di* Archaeopteryx *mostrano le piume solo su arti e coda, dove formavano superfici di volo a tenuta d'aria. È probabile che potesse planare, scendere in picchiata e virare per inseguire prede volanti come le libellule.*

I dinosauri piumati

- **Fossili rinvenuti** da metà anni '90 mostrano come alcuni dinosauri fossero ricoperti di piume o di pelliccia.
- **Il *Sinosauropteryx* era un piccolo carnivoro** di un metro di lunghezza, vissuto 125-120 mya in Cina.
- **I fossili di *Sinosauropteryx*** mostrano che alcune parti del corpo non erano ricoperte dalle classiche squame dei rettili, ma da piume.
- **La struttura** del *Sinosauropteryx* indica che, nonostante avesse le piume, non sapeva volare.

- **Le piume potevano servirgli** per mimetizzarsi, farne sfoggio per l'accoppiamento o trattenere il calore: si pensa che fosse a sangue caldo.
- **I fossili di *Avimimus*** vengono dalla Cina e dalla Mongolia, e risalgono a circa 75-70 mya.
- **Le ossa fossili delle braccia** hanno lievi sporgenze uguali per forma e dimensione a quelle delle ali degli uccelli dove si inseriscono le piume.
- **L'*Avimimus*, lungo 1,5 m**, aveva la bocca simile al becco di un uccello, per beccare il cibo.
- **Molti scienziati oggi** credono che gli uccelli discendano da un gruppo di piccoli dinosauri carnivori chiamati *maniraptori*, come il *Troodon*.

Se così fosse, in base al metodo moderno di classificazione dei viventi chiamato cladistica, gli uccelli sarebbero un sottogruppo dei dinosauri, non un gruppo separato. Il che significa che i dinosauri esisterebbero ancora, sotto forma di uccelli.

▲ *Le piume dell'*Avimimus *servivano a regolare la temperatura corporea, a mimetizzarsi o a farne sfoggio, a proteggere le uova, oppure a tutte queste cose.*

I dinosauri struzzo

- ***Dinosauri struzzo*** è il nome con cui vengono comunemente chiamati gli ornitomimosauri, per la loro somiglianza ai più grandi uccelli esistenti: gli struzzi.
- **Questi dinosauri** alti e longilinei avevano due lunghe e robuste zampe posteriori per correre veloce.
- **Gli arti anteriori** somigliavano a forti braccia, con dita prensili dagli artigli aguzzi.
- **Avevano grandi occhi** posizionati in alto sulla testa.
- **La bocca senza denti** era simile al becco lungo e stretto di un uccello.
- **I dinosauri struzzo** vissero verso la fine del Cretaceo, circa 100-66 mya, in America settentrionale e Asia.
- **I fossili del dinosauro struzzo** *Struthiomimus* trovati ad Alberta, in Canada, suggeriscono che fosse lungo circa 4 m e alto 2, tanto quanto uno struzzo moderno.
- **Il dinosauro struzzo** *Gallimimus* era lungo quasi 8 m e raggiungeva un'altezza di 3 m.
- **I dinosauri struzzo** mangiavano probabilmente semi, frutti e piante, ma anche piccoli animali come vermi e lucertole che catturavano con le loro robuste mani dalle dita artigliate.
- **Altri dinosauri struzzo** furono il *Dromiceiomimus*, lungo 3-4 m, e l'*Ornithomimus*, poco più grande.

▼ *L'*Ornithomimus *poteva correre a una velocità di 80 km/h. Aveva fianchi e zampe dotate di forti muscoli che gli permettevano di procedere a grandi falcate.*

LO SAPEVI?

Enormi fossili di arti anteriori trovati nel 1965 e attribuiti al Deinocheirus fanno pensare a un gigantesco dinosauro struzzo lungo 10 metri e alto 4, dal peso di 5 tonnellate. Non sono stati trovati altri resti.

Gli erbivori

- **Centinaia di tipi di dinosauri** erano erbivori, si cibavano cioè di piante. Con la graduale evoluzione delle piante, i nuovi dinosauri dovettero adeguarsi ai cambiamenti.
- **All'inizio dell'epoca dei dinosauri,** nel Triassico, le principali piante disponibili per i dinosauri erano conifere, ginkgo, cicadine e le più piccole spermatofite, felci, equiseti e licopodi.
- **Alcune cicadine** prosperano ancora oggi. Somigliano alle palme, con lunghe fronde verdi disposte a corona all'estremità di fusti alti e senza rami, simili a tronchi.

LO SAPEVI?

Per alimentare il corpo enorme, i sauropodi mangiavano probabilmente per 20 ore al giorno!

- **Nel Triassico**, solo i prosauropodi erano così grandi o avevano un collo talmente lungo da raggiungere le alte fronde delle cicadine o le foglie dei ginkgo.
- **Nel Giurassico**, si diffusero alte conifere come la sequoia e l'araucaria, o "albero della scimmia".
- **Gli enormi sauropodi dal collo lungo** del Giurassico probabilmente riuscivano a raggiungere i rami più alti delle conifere per nutrirsi degli aghi.
- **Nel Cretaceo medio** apparve un nuovo tipo di piante da mangiare: le piante che producono fiori.
- **Già alla fine del Cretaceo** c'erano tantissimi alberi e arbusti che producevano fiori, come la magnolia, l'acero e il noce.

La comparsa di nuove piante spinse molti nuovi tipi di animali, tra cui nuovi dinosauri erbivori, ad evolversi per mangiarle.

▼ *Il caldo e l'umidità del Giurassico permisero alle piante di diffondersi in zone precedentemente prive di vegetazione. Enormi erbivori come il* Barosaurus *si cibavano di fronde, aghi e foglie di altissime felci arboree, ginkgo e conifere.*

I prosauropodi

- **I primi grandi dinosauri** furono i prosauropodi, o *plateosauridi*. Vissero principalmente tra i 230 e i 180 mya.
- **Erano erbivori** dalla testa piccola, un collo e una coda lunghi, il corpo grande e quattro arti ben piantati.
- **Uno dei primi prosauropodi** fu il *Plateosaurus*, vissuto in Europa pressappoco tra i 215 e i 205 mya.
- **Il *Plateosaurus* camminava a quattro zampe,** ma si sollevava su quelle posteriori per raggiungere il fogliame. Era lungo fino a 9 m e pesava anche 3 tonnellate.
- **Un altro prosauropode** era il *Riojasaurus*. I suoi fossili risalgono a circa 220-215 mya e vengono dall'Argentina.

LO SAPEVI?

Un parente stretto del Riojasaurus era il Melanorosaurus africano. Un tempo l'America meridionale e l'Africa formavano un unico continente chiamato Gondwana, 200 mya.

- **Il *Riojasaurus* era lungo 10 m** e pesava circa 2 tonnellate.
- **Oltre 20 scheletri fossili** del prosauropode *Sellosaurus* sono stati trovati in Europa. Risalgono a 215-210 mya.

- Il ***Lufengosaurus*** fu uno dei primi prosauropodi giurassici vissuti in Cina. Era lungo 9 m e fu il primo scheletro completo di dinosauro a essere ricostruito in questo paese.

- **I sauropodi vennero dopo** i prosauropodi ed erano persino più grandi. La struttura del corpo era però la stessa, con collo e coda lunghi.

▼ *Il* Riojasaurus *fu il primo grande dinosauro dell'America meridionale.*

Il Plateosaurus

- **Il nome *Plateosaurus*** significa “lucertola piatta”. Questo dinosauro apparve circa 215 mya.
- **Gruppi di *Plateosaurus*** sono stati trovati in molti siti europei: si è arrivati a oltre 100 esemplari.
- **Il *Plateosaurus* aveva denti seghettati** per sminuzzare le piante.
- **Le dita flessibili e artigliate** gli servivano per avvicinare alla bocca i rami di cui si nutriva.
- **Il *Plateosaurus* poteva piegare** le dita “all’indietro” e camminare su arti e dita anteriori, tenuti nella stessa posizione di quelli posteriori.
- **Aveva pollici** dotati di grandi artigli taglienti, usati probabilmente per trafiggere i nemici.
- **Un tempo gli esperti credevano** che il *Plateosaurus* trascinasse la coda.
- **Gli studiosi oggi pensano** che tenesse la coda sollevata dal terreno per bilanciare il peso di testa, collo e parte anteriore del corpo.
- **Il *Plateosaurus* fu uno dei primissimi dinosauri** ad avere un nome ufficiale nel 1837, prima ancora che venisse coniato il termine *dinosauro*.

▼ *Si pensa che il* Plateosaurus *potesse raggiungere il fogliame a 2-3 metri da terra.*

Il Massospondylus

- **Il *Massospondylus* era un erbivoro** di taglia media appartenente al gruppo dei prosauropodi.
- **L'Africa e forse l'America settentrionale** erano le zone popolate dal *Massospondylus* circa 200-185 mya.
- **Complessivamente**, il *Massospondylus* era lungo circa 4,5 m, metà dei quali occupati solo dalla coda.
- **Le sue zampe posteriori** erano più grosse e forti di quelle anteriori, permettendogli di sollevarsi per raggiungere le foglie più alte.

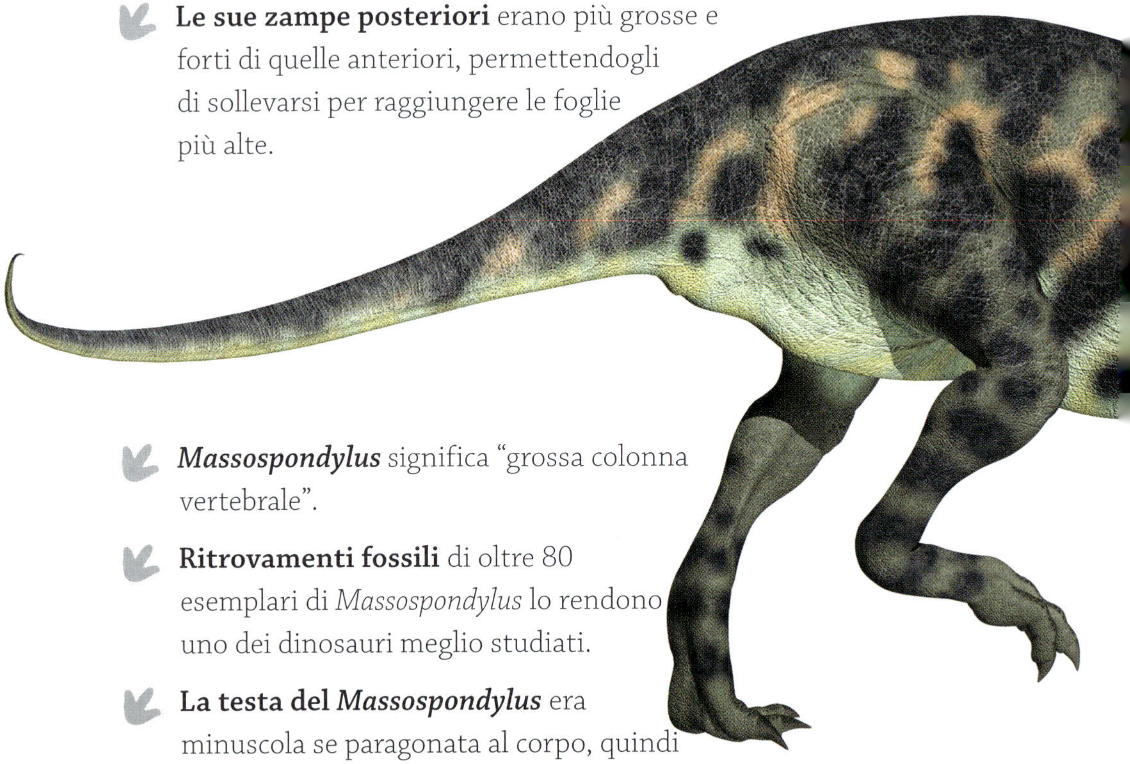

- ***Massospondylus*** significa "grossa colonna vertebrale".
- **Ritrovamenti fossili** di oltre 80 esemplari di *Massospondylus* lo rendono uno dei dinosauri meglio studiati.
- **La testa del *Massospondylus*** era minuscola se paragonata al corpo, quindi doveva dedicare molte ore alla ricerca di cibo per sopravvivere.

- **I denti anteriori** del *Massospondylus* erano grandi e forti, dai bordi frastagliati.
- **I molari** erano troppo piccoli e deboli per masticare grosse quantità di cibo, quindi si pensa che venisse triturato nello stomaco.
- **Negli anni '80**, alcuni scienziati suggerirono che il *Massospondylus* fosse carnivoro, per i denti seghettati anteriori. Tuttavia, l'ipotesi è stata abbandonata.

▼ *Il* Massospondylus *doveva trascorrere gran parte del tempo ad alimentare il suo corpo immenso.*

LO SAPEVI?

Il Massospondylus *fu identificato nel 1854 dall'anatomista e paleontologo Richard Owen, che aveva coniato il termine dinosauro circa 12 anni prima. All'inizio pensò che i fossili appartenessero a tre rettili diversi.*

L'Anchisaurus

- **L'Anchisaurus fu** uno dei primi dinosauri sauropodomorfi.
- **Ufficialmente riconosciuto** come un dinosauro nel 1885, in realtà l'*Anchisaurus* era stato scoperto più di 70 anni prima.
- **L'*Anchisaurus* era molto piccolo** ed esile rispetto ad altri sauropodi: era grande quanto un cane di grossa taglia.
- **I fossili di *Anchisaurus*** risalgono al Giurassico inferiore, 200-190 mya.
- **Resti di *Anchisaurus*** sono stati trovati in Connecticut e Massachusetts, negli USA orientali, e in Africa meridionale.
- **Con i piccoli denti seghettati**, probabilmente strappava a morsi le tenere foglie delle piante più basse.
- **Per raggiungere le foglie** dei rami più alti, è probabile che si sollevasse sulle zampe posteriori.
- **L'*Anchisaurus* aveva un artiglio** enorme e ricurvo sui pollici.
- **Probabilmente usava i pollici artigliati** come dei ganci per portarsi i rami frondosi alla bocca o come armi per attaccare i nemici e infliggere loro ferite.

LO SAPEVI?

I resti di Anchisaurus o di un erbivoro simile furono i primi fossili di dinosauro a essere scoperti in America settentrionale nel 1818.

▶ *L'*Anchisaurus *era lungo circa 2,2 m. Il suo nome significa "vicino alla lucertola".*

I dinosauri più grandi

- **I dinosauri si misurano** in lunghezza e altezza, ma per "grandezza" si intende di solito peso o corporatura.
- **I dinosauri sauropodi** del Giurassico superiore e del Cretaceo medio-inferiore sono stati gli animali più grandi mai esistiti, per quanto ne sappiamo.
- **Le balene odierne**, e forse gli enormi rettili marini (pliosauridi) dell'epoca dei dinosauri, hanno dimensioni simili.
- **Per ciascun dinosauro**, è necessario trovare un certo numero di fossili prima di affermare che è un nuovo tipo e dargli un nome scientifico. È richiesta anche una stima delle dimensioni. Per alcuni dinosauri giganti, non sono mai stati trovati abbastanza fossili.
- **Resti di *Supersaurus*** trovati in Colorado, USA, suggeriscono che fosse simile al *Diplodocus*, ma forse ancora più lungo, fino a 35 m.
- **I fossili di *Diplodocus hallorum*** trovati nel 1991 negli USA potrebbero appartenere a un sauropode di 35 m.
- **I fossili di *Ultrasaurus*** trovati in Corea del Sud fanno pensare a un dinosauro simile al *Brachiosaurus*, ma più piccolo. Trattandosi di fossili frammentari, non tutti gli esperti concordano.
- **L'*Argentinosaurus*** dell'America meridionale si conosce grazie ad alcuni fossili, soprattutto vertebre, trovati nei primi anni '90. Poteva pesare fino a 100 tonnellate.

▶ *Il* Seismosaurus *fu identificato nel 1991, ma studi condotti negli anni 2000 hanno dimostrato che probabilmente era una specie di* Diplodocus, *ora conosciuta come* Diplodocus hallorum *o* Diplodocus longus.

Collo lungo per
raggiungere
le foglie alte

I sauropodi

- **I sauropodi furono i dinosauri più grandi** in assoluto. Vissero principalmente nel Giurassico, circa 201-145 mya.
- **Questi erbivori enormi** avevano una testa minuscola, collo e coda molto lunghi, un corpo enorme e zampe possenti, simili a quelle degli elefanti, ma molto più grosse.
- **I sauropodi comprendevano** i ben noti *Mamenchisaurus*, *Cetiosaurus*, *Diplodocus*, *Brachiosaurus* e *Apatosaurus*.
- **Fossili di *Rebbachisaurus*** risalenti a 100 mya sono stati trovati in Marocco, Tunisia e Algeria.
- **Il *Cetiosaurus* era lungo** circa 15 m e pesava 10-20 tonnellate.
- **I primi fossili** di *Cetiosaurus* furono rinvenuti in Oxfordshire, Inghilterra, negli anni '30 del 1800. Fu il primo sauropode a ricevere un nome ufficiale nel 1841, l'anno prima che venisse coniato il termine *dinosauro*.

LO SAPEVI?

Sauropode significa "piede di lucertola". Fu l'americano Othniel Charles Marsh, cercatore di fossili ed esperto di dinosauri, a coniare il termine nel 1878 dopo la scoperta del Diplodocus.

- **Il *Cetiosaurus*,** o "lucertola balena", si chiama così perché l'esperto britannico Richard Owen inizialmente pensò che le sue vertebre giganti appartenessero a una balena preistorica.

▼ Sauropodi *come l'*Apatosaurus *andavano alla ricerca di cibo tra le chiome degli alberi.*

Il Brachiosaurus

- **Il Brachiosaurus visse circa 155-150 mya** e i suoi fossili sono stati trovati in numerosi siti dell'America settentrionale. Fossili di un dinosauro simile trovati in Africa, che sembravano essere di *Brachiosaurus*, sono stati attribuiti al *Giraffatitan*.
- ***Brachiosaurus*** significa "lucertola dalle lunghe braccia", per le sue imponenti zampe anteriori.
- **Grazie alle enormi zampe anteriori** e al collo lungo, il *Brachiosaurus* poteva raggiungere il cibo a più di 13 m da terra.
- **Con i suoi 25 m di lunghezza**, il *Brachiosaurus* non era uno dei dinosauri più lunghi, ma certo uno dei più pesanti: si stima infatti che pesasse tra le 20 e le 50 tonnellate.
- **Fossili di *Brachiosaurus*** furono scoperti nel 1900 e vennero attribuiti a questo dinosauro l'anno dopo.

Aveva denti piccoli a forma di scalpello per strappare le foglie dagli alberi. Le narici si trovavano nella parte alta della testa.

◀ *Il* Brachiosaurus *aveva una struttura simile a quella delle giraffe, ma era alto il doppio e 50 volte più pesante.*

Il Camarasaurus

- **Il *Camarasaurus* era un sauropode erbivoro gigante** vissuto nel Giurassico superiore, circa 155-150 mya.
- **È uno dei grandi dinosauri più conosciuti**, grazie al ritrovamento di molti scheletri fossili quasi completi.
- **Il famoso cercatore di fossili americano** Edward Drinker Cope diede al *Camarasaurus* questo nome nel 1877.
- **Il nome significa** "lucertola a camere", perché le sue vertebre avevano al loro interno grosse camere cave che le rendevano più leggere.
- **Il *Camarasaurus* era lungo fino a 21 m**, aveva un corpo enorme e zampe robuste.

L'America settentrionale era la terra del *Camarasaurus*. Fossili simili trovati in Europa e Africa sono stati attribuiti ad altri dinosauri.

Una testa grande dal muso corto, simile a quella del *Brachiosaurus*, era caratteristica del *Camarasaurus*.

Lo scheletro fossile di un giovane *Camarasaurus* fu rinvenuto negli anni '20, con quasi tutte le ossa del corpo al posto giusto, come se il dinosauro fosse ancora vivo: una scoperta incredibilmente rara.

◀ *Rispetto ad altri sauropodi, il* Camarasaurus *aveva collo e coda più corti.*

LO SAPEVI?

Studiando i fossili di Camarasaurus, si scoprì che uno aveva cambiato i denti ogni 8-9 settimane e che un altro aveva raggiunto l'età adulta a 20 anni, per poi morire a 26.

Il Diplodocus

- **Un enorme sauropode erbivoro**, il *Diplodocus* visse nel Giurassico superiore, circa 155-145 mya.
- **La prima scoperta** di fossili di *Diplodocus* risale al 1877, vicino a Canyon City, Colorado, USA.
- **I fossili principali** furono trovati negli USA, in Colorado, Utah e Wyoming.
- **Con i suoi 27 m o più** di lunghezza, il *Diplodocus* è uno dei dinosauri più lunghi conosciuti. Alcune specie raggiungevano i 33 m!

- **Il *Diplodocus* probabilmente** agitava la piccola testa sull'enorme collo per raggiungere il fogliame degli alberi.
- **I denti erano bastoncini sottili** che orlavano la parte anteriore della bocca come un pettine.
- **Il *Diplodocus* usava** i denti per strappare le foglie dai ramoscelli, e le ingoiava senza masticare.
- **In passato si credeva che le narici** fossero quasi sopra gli occhi. Secondo scoperte recenti erano invece posizionate più in basso, a metà strada tra gli occhi e la punta del muso.

▼ *Il* Diplodocus *era lungo ma leggero per essere un sauropode: pesava circa dalle 10 alle 25 tonnellate.*

Il Mamenchisaurus

- **Un imponente dinosauro erbivoro**, il *Mamenchisaurus* aveva un aspetto simile al *Diplodocus*.
- **Visse** nel Giurassico superiore, a partire da 160-145 mya.
- **Questo enorme dinosauro** misurava complessivamente circa 30 m. Si stima che pesasse tra le 20 e le 35 tonnellate.
- **Con i suoi 15 m di lunghezza**, il collo del *Mamenchisaurus* era uno dei più lunghi tra i dinosauri. Aveva fino a 19 vertebre, più di ogni altro dinosauro.
- **Resti di *Mamenchisaurus*** sono stati ritrovati in Cina, e il nome del dinosauro deriva dal luogo in cui sono stati scoperti i fossili, il torrente Mamen.

- **Altri dinosauri sauropodi** trovati nella stessa regione sono l'*Euhelopus* e l'*Omeisaurus*.
- **Il *Mamenchisaurus* allungava il collo** per cibarsi di foglie oppure, anche se è meno probabile, viveva nelle paludi e mangiava piante acquatiche.

▼ *Le articolazioni tra le ossa fossili del collo del* Mamenchisaurus *denotano una scarsa flessibilità.*

LO SAPEVI?

La specie Mamenchisaurus constructus fu identificata nel 1954. Da allora, sono state identificate altre cinque o sei specie, anche se alcuni esperti sostengono che i resti ne rappresentino solo due o tre.

Lo Scelidosaurus

- **Lo *Scelidosaurus* era** un dinosauro corazzato di medie dimensioni, forse uno dei primi anchilosauri o stegosauri.
- **Fossili molto ben conservati di *Scelidosaurus*** sono stati trovati nel Dorset, Inghilterra del sud. Visse nel Giurassico inferiore, circa 190 mya.
- **Dal naso alla coda**, lo *Scelidosaurus* era lungo circa 4 m.
- **Camminava probabilmente** a quattro zampe, sollevandosi su due per procurarsi il cibo.
- **Era erbivoro**, e strappava il fogliame con il becco anteriore della bocca e lo masticarlo poi con i denti a forma di foglia.

- **Lo *Scelidosaurus* è uno dei primi** dinosauri conosciuti ad aver avuto una vera e propria corazza protettiva!
- **Una fila di placche o scudi ossei** percorreva collo, dorso e coda dello *Scelidosaurus*. Aveva anche delle file di placche ossee lungo i fianchi, simili alle patelle sulle rocce.
- **Lo *Scelidosaurus* fu descritto** e identificato nel 1859 e nel 1861 da Richard Owen.

▼ *Lo* Scelidosaurus *fu il predecessore di dinosauri corazzati più grandi, dotati di placche ossee chiamate* scudi.

Gli stegosauri

- **I dinosauri erbivori** vissuti principalmente 160-140 mya, gli stegosauri, devono il loro nome all'esemplare più noto del gruppo, lo *Stegosaurus*.
- **Vengono spesso chiamati** "dinosauri a placche" per le grandi placche piatte o scudi ossei del dorso.
- **Gli stegosauri apparvero** probabilmente in Asia orientale, per poi diffondersi in altri continenti, come l'America settentrionale e l'Africa.
- **Il *Kentrosaurus* era** uno stegosauro lungo 5 m, e pesava una tonnellata. Il suo nome significa "lucertola spinosa". Visse circa 155-150 mya in Africa orientale.

LO SAPEVI?

Nel 2006, fossili di Stegosaurus furono identificati in Portogallo e dimostrarono che questo dinosauro visse anche in Europa.

Molti stegosauri non avevano denti nella parte anteriore della bocca, ma becchi cornei, come gli uccelli, per strappare le foglie che poi masticavano con piccoli molari seghettati.

◀ *Le placche dorsali del* Kentrosaurus *erano più alte e strette di quelle dello* Stegosaurus.

Lo Stegosaurus

- **Lo *Stegosaurus* era il dinosauro più grande** del suo gruppo. I fossili sono stati ritrovati perlopiù in Colorado, Utah e Wyoming, USA.
- **Come la maggior parte dei suoi simili**, lo *Stegosaurus* visse verso la fine del Giurassico, circa 155-150 mya.
- **Era lungo** complessivamente 8-9 m circa e si pensa che pesasse oltre 4 tonnellate.
- **La sua peculiarità** consisteva nella presenza di grandi placche ossee dorsali a forma di diamante, di foglia o triangolari.
- ***Stegosaurus* significa** "lucertola tetto", perché si pensava che le placche ossee dorsali fossero disposte orizzontalmente e si sovrapponessero come le tegole di un tetto.

- **Oggi si pensa** che le placche dorsali fossero disposte verticalmente, su due file parallele.
- **Le placche potevano servire** a regolare la temperatura corporea, permettendo al dinosauro di scaldarsi velocemente sotto i raggi del sole.
- **Le placche dorsali** forse erano ricoperte di pelle dai colori accesi, per intimidire i nemici. Erano comunque troppo fragili per essere delle armi di difesa.
- **La coda armata di quattro grandi spuntoni** veniva probabilmente agitata dallo *Stegosaurus* per allontanare i nemici.

LO SAPEVI?

Quando furono trovati i fossili di Stegosaurus nel 1876-77, si pensava che appartenessero a una grande tartaruga marina e che le placche dorsali fossero il suo guscio protettivo.

◀ *Avendo arti anteriori corti, lo Stegosaurus si nutriva di piante basse.*

Il Tuojiangosaurus

- Il ***Tuojiangosaurus*** apparteneva al gruppo degli stegosauri. Visse nel Giurassico superiore, circa 170-155 mya.
- **Il primo scheletro di dinosauro** quasi completo ritrovato in Cina fu quello di un *Tuojiangosaurus*, e scheletri fossili sono in mostra in molti musei cinesi.
- ***Tuojiangosaurus*** significa "lucertola del fiume Tuo".
- **Il *Tuojiangosaurus* era lungo in totale 7 m** e probabilmente pesava circa 3-4 tonnellate.
- **Come altri stegosauri**, il *Tuojiangosaurus* aveva alte placche ossee dorsali.

- **Le placche dorsali** erano di forma triangolare e disposte verticalmente su due file che andavano dal collo fino a metà della coda.
- **Il *Tuojiangosaurus* strappava** le piante basse con la bocca a forma di becco e le masticava parzialmente con i molari seghettati.

▼*Il* Tuojiangosaurus *aveva quattro lunghi spuntoni a forma di V sulla coda, che agitava per difendersi dai nemici.*

LO SAPEVI?

La coda chiodata di molti stegosauri, probabilmente un'arma di difesa, è conosciuta come "thagomizer", termine coniato negli anni '80 dal fumettista americano Gary Larson.

Gli anchilosauri

- **Gli anchilosauri** avevano una corazza protettiva di placche ossee.
- **A differenza dei nodosauridi corazzati**, avevano una grossa protuberanza ossea all'estremità della coda, che usavano come un martello o una mazza.
- **Uno degli anchilosauri più famosi**, grazie ai resti ben conservati di circa 40 esemplari, è l'*Euoplocephalus*.
- **Il corpulento *Euoplocephalus*** era lungo circa 6 m e pesava 2 o più tonnellate. Visse circa 76-75 Ma ad Alberta, Canada, e in Montana, USA, così come in altri posti.
- **L'*Euoplocephalus* aveva scudi ossei** su testa e corpo, e anche palpebre ossee. Il dorso era percorso da spuntoni smussati.
- **Esemplari di *Euoplocephalus*** sono stati rinvenuti isolati, quindi difficilmente vivevano in branco.
- **L'anchilosauro *Pinacosaurus*** aveva una corazza a maglia formata da noduli ossei nella pelle e file di spuntoni smussati dal collo alla coda.
- **Con denti piccoli e deboli**, gli anchilosauri si cibavano probabilmente di morbide felci ed equiseti.

◀ *La mazza caudale dell'*Euoplocephalus *era fatta di pezzi d'osso che si erano fusi tra loro.*

LO SAPEVI?

Il Pinacosaurus era lungo circa 5 m e visse in Asia circa 80-75 mya.

I nodosauridi

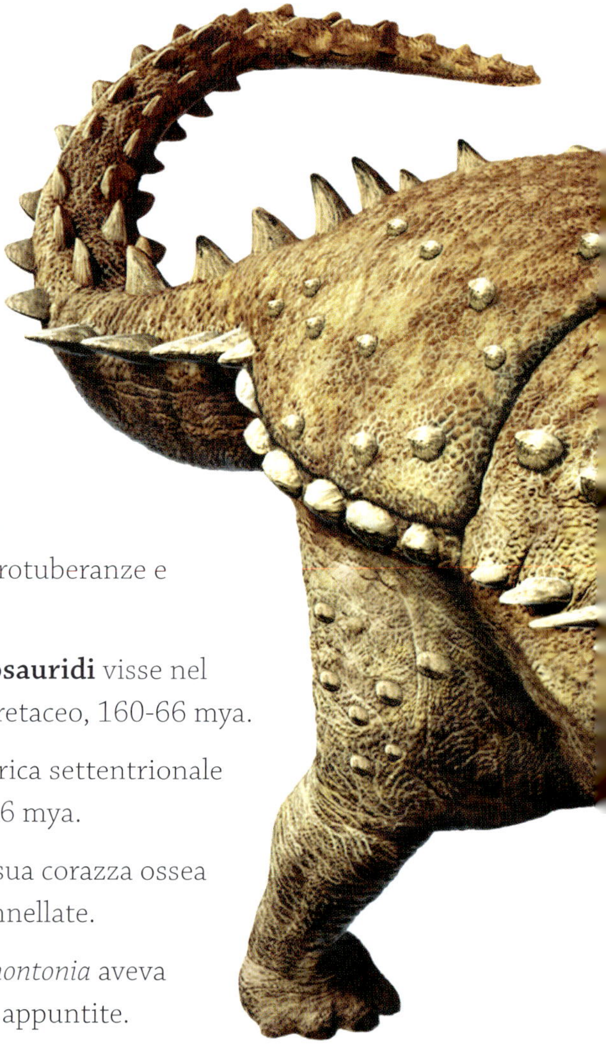

- **I nodosauridi erano un sottogruppo** di dinosauri corazzati del gruppo degli anchilosauri.
- **Il sottogruppo dei nodosauridi** comprendeva *Edmontonia*, *Sauropelta*, *Polacanthus* e *Nodosaurus*.
- **Erano erbivori lenti** e dal corpo massiccio, con la pelle ricoperta da grossi noduli, protuberanze e placche ossee protettive.
- **La maggior parte dei nodosauridi** visse nel Giurassico superiore e nel Cretaceo, 160-66 mya.
- **L'*Edmontonia* visse** in America settentrionale nel Cretaceo superiore, 75-66 mya.
- **Era lungo circa 7 m**, ma la sua corazza ossea lo appesantiva fino a 4-5 tonnellate.
- **Su collo**, dorso e coda, l'*Edmontonia* aveva file di placche, sia piatte che appuntite.
- **Il nodosauride *Polacanthus***, lungo circa 5 m, visse 130-120 mya.

Fossili di *Polacanthus* vengono dall'isola di Wight, in Inghilterra, e forse dal Dakota del Sud, negli USA.

◀ L'Edmontonia, *uno degli ultimi dinosauri, era ricoperto di protuberanze e spine ossee taglienti che lo aiutavano a proteggersi dai nemici.*

Il Sauropelta

- **Il *Sauropelta* era un nodosauride**, cioè un dinosauro corazzato.
- ***Sauropelta*** significa "lucertola scudo". Il nome deriva dalle numerose protuberanze coniche ossee, alcune grandi quanto un piatto di portata, che aveva su testa, dorso e coda.
- **Le enormi escrescenze ossee** erano intervallate da tacchetti ossei più piccoli, grandi quanto un pugno.

LO SAPEVI?

Il Sauropelta visse 115-110 mya, negli attuali Montana e Wyoming, USA.

Il *Sauropelta* era lungo circa 5 m, coda inclusa, e pesava probabilmente quasi 2 tonnellate.

Aveva una fila di spuntoni appuntiti lungo ciascun fianco, a partire da dietro gli occhi e fino alla coda. Verso la coda, gli spuntoni erano più piccoli.

La corazza era flessibile, come fatta di piastre metalliche inserite nella pelle spessa. Poteva girarsi facilmente, ma non riusciva a correre forte.

Zampe a colonna servivano a reggere il peso del *Sauropelta*.

La bocca dotata di becco ci fa pensare che si cibasse di piante basse e coriacee.

◀ *Se attaccato, il* Sauropelta *probabilmente si accovacciava per proteggere la pancia indifesa e agitava la testa per colpire i nemici con i lunghi aculei che aveva sul collo.*

La stima delle dimensioni

- **I dinosauri più grandi** furono sauropodi come *Giraffatitan*, *Brachiosaurus* e *Argentinosaurus*. Ma calcolare quanto pesassero quando erano in vita è molto complicato.
- **Del *Giraffatitan* esistono** numerosi fossili, tra cui scheletri quasi completi. Si conosce quindi la sua lunghezza esatta: 22 m.
- **Il peso di un dinosauro** può essere stimato "rimpolpando" un modellino di scheletro con dell'argilla.
- **L'argilla rappresenta** i muscoli, gli organi interni e la pelle, ricostruiti basandosi su rettili simili, come i coccodrilli. Lo stesso si può fare creando un modellino virtuale al computer. Si stima che il *Giraffatitan* pesasse tra le 20 e le 40 tonnellate.
- **Le dimensioni del modellino di argilla** si stimano immergendolo in acqua e calcolandone il volume.
- **Il volume del modellino** viene aumentato proporzionalmente per scoprire quello del dinosauro da vivo.
- **Il sauropode *Apatosaurus*** si conosce bene grazie ai 12 scheletri ritrovati che hanno fornito quasi tutte le ossa del suo corpo.
- **Gli esperti hanno "rimpolpato"** lo scheletro di *Apatosaurus* in diverse misure, e le stime del suo peso variano da 15 tonnellate a più di 40 tonnellate.
- **La lunghezza complessiva dell'*Apatosaurus*** è stata stimata con precisione in 21 m.

Il collo lungo permetteva ampi movimenti della testa

▼ *Il* Giraffatitan *africano aveva zampe anteriori molto lunghe, come il suo cugino nordamericano* Brachiosaurus.

LO SAPEVI?

Peso e volume dei rettili moderni vengono usati per calcolare il peso probabile di un esemplare vivo di dinosauro.

Lesothosaurus e Fabrosaurus

- **C'è stata parecchia confusione** tra due dinosauri erbivori molto piccoli, il Lesothosaurus e il *Fabrosaurus*.
- **I loro fossili vengono dall'Africa meridionale** e risalgono al Giurassico inferiore, 200-190 mya.
- **Il Fabrosaurus fu identificato** nel 1964 da un unico fossile di tre denti infissi in una sezione di osso mascellare.
- **Confrontando il fossile con fossili** simili di altre regioni, si pensò a un dinosauro erbivoro di un metro circa di lunghezza.
- **Il *Lesothosaurus* fu identificato** nel 1978. I suoi fossili, più numerosi, fecero pensare a un erbivoro di un metro simile al *Fabrosaurus*.
- **Dal corpo allungato e leggero**, il *Lesothosaurus* misurava solo un metro in tutto, e si pensa arrivasse al ginocchio di un essere umano adulto.
- **Le zampe posteriori affusolate** con lunghe dita suggeriscono che il *Lesothosaurus* corresse veloce.
- **Denti e altri fossili** di *Lesothosaurus* indicano che probabilmente si cibava di piante basse come le felci.
- **I denti posteriori erano piegati verso l'interno**: questo indica la presenza di tasche guanciali per trattenere o masticare il cibo.
- **È possibile** che *Lesothosaurus* e *Fabrosaurus* fossero lo stesso dinosauro. Se così fosse, tutti i fossili dovrebbero ricevere il primo nome assegnato, e cioè Fabrosaurus.

- **I resti di *Fabrosaurus*** sono talmente scarsi che alcuni esperti pensano che non dovrebbe nemmeno avere un nome ufficiale.
- **Il *Lesothosaurus*** fu uno dei primi ornitischi o "dinosauri dal bacino d'uccello", che sarebbe poi diventato un ornitopode come l'Iguanodon, oppure uno stegosauro o un anchilosauro.

▼ *Il* Lesothosaurus *si sollevava sulle zampe posteriori per avvistare eventuali pericoli, come fanno oggi i suricati.*

L'Heterodontosaurus

- **L'Heterodontosaurus visse** circa 200-195 mya, all'inizio del Giurassico.
- **Un dinosauro molto piccolo**, l'*Heterodontosaurus* era lungo solo un metro (quanto un cane di grossa taglia) e sarebbe arrivato al ginocchio di una persona.
- **Stando in parte dritto** sulle zampe posteriori più lunghe, l'*Heterodontosaurus* era un corridore veloce.
- **I fossili di *Heterodontosaurus*** vengono dal Lesotho, in Africa meridionale, e dalla provincia del Capo, in Sudafrica.
- **Mentre gran parte dei dinosauri aveva denti** di una sola forma, l'*Heterodontosaurus* aveva tre tipi di denti.
- **Aveva denti anteriori** piccoli e affilati, solo nella mascella superiore, che si chiudevano sulla parte inferiore del becco corneo.

▶ *Piccolo e affusolato, l'*Heterodontosaurus *somigliava a carnivori come il* Compsognathus*, anche se probabilmente era onnivoro (mangiava qualsiasi cosa, animali o vegetali).*

- **I quattro denti centrali** di *Heterodontosaurus* erano lunghi e ricurvi, simili alle zanne di un cinghiale, e venivano probabilmente usati per sfidare i rivali o per difendersi.
- **I denti posteriori** erano lunghi e dotati di cuspidi taglienti per masticare.

LO SAPEVI?

Heterodontosaurus significa "lucertola dai denti differenti".

L'Iguanodon

- **Appartenente al gruppo degli ornitopodi**, l'*Iguanodon* era un grosso dinosauro erbivoro. Visse nel Cretaceo inferiore e medio, 130-125 mya.
- **Numerosi fossili** di *Iguanodon* sono stati trovati in molti paesi europei, soprattutto in Belgio, e fossili simili vengono da Inghilterra, Germania e Spagna.
- **L'*Iguanodon* misurava** circa 10-11 m in tutto. Pesava probabilmente quanto un grosso elefante, cioè 4 o 5 tonnellate.
- **L'*Iguanodon* camminava** e correva sulle grosse e robuste zampe posteriori, con il corpo in posizione orizzontale.

- **Lo spuntone conico** che aveva sul pollice veniva usato come arma per colpire rivali o nemici.
- **Le tre dita centrali** delle mani avevano artigli simili a zoccoli, utili per camminare a quattro zampe.
- **Il quinto dito**, **o mignolo**, si piegava verso l'interno per afferrare gli oggetti e forse serviva anche ad avvicinare le piante alla bocca.

LO SAPEVI?

L'Iguanodon fu uno dei primissimi dinosauri ad avere un nome scientifico ufficiale nel 1825.

▶ *Lo spuntone del pollice serviva a difendersi, e le dita ad afferrare il cibo.*

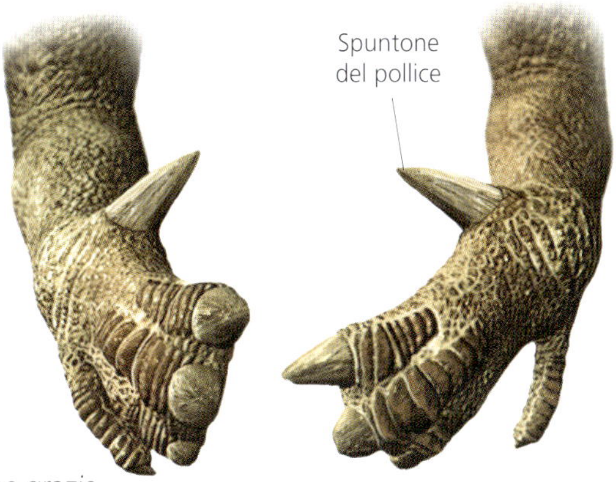

▼*L'*Iguanodon *si conosce bene grazie ai fossili di numerosi esemplari.*

I dinosauri dal becco d'anatra

- **Gli adrosauridi** vengono comunemente chiamati "dinosauri dal becco d'anatra".
- **Erano grossi erbivori** che camminavano sulle possenti zampe posteriori e furono uno degli ultimi grandi gruppi di dinosauri a comparire sulla Terra, meno di 100 mya.
- **Il loro nome** deriva da *Hadrosaurus*, il primo dinosauro fossile del gruppo a essere scoperto nel 1858 in New Jersey, negli USA.
- **Molti adrosauridi** avevano una bocca larga, piatta e senza denti nella parte anteriore, come un becco d'anatra.
- **Numerosissimi molari** disposti in file chiamate *batterie* riempivano la parte posteriore della bocca. Erano ideali per sminuzzare il fogliame più duro.

Coda lunga e affusolata con una base muscolosa per essere agitata da una parte all'altra

- **Alcuni adrosauridi** avevano sulla testa creste di forme bizzarre o sporgenze ossee, come il *Corythosaurus*, il *Saurolophus* e il *Parasaurolophus*.
- **Gli adrosauridi senza cresta**, dalla testa liscia e senza sporgenze, erano l'*Anatosaurus*, il *Bactrosaurus*, il *Kritosaurus* e l'*Edmontosaurus*.
- **Il nome *Hadrosaurus*** significa "grossa lucertola".

LO SAPEVI?

L'Edmontosaurus sembrava avesse sul naso una sacca di pelle floscia che gonfiava come un palloncino per emettere suoni simili a barriti, forse durante il corteggiamento.

▼ *Adrosauridi come il* Corythosaurus *vengono spesso rappresentati mentre si cibano di piante acquatiche con la bocca a becco d'anatra.*

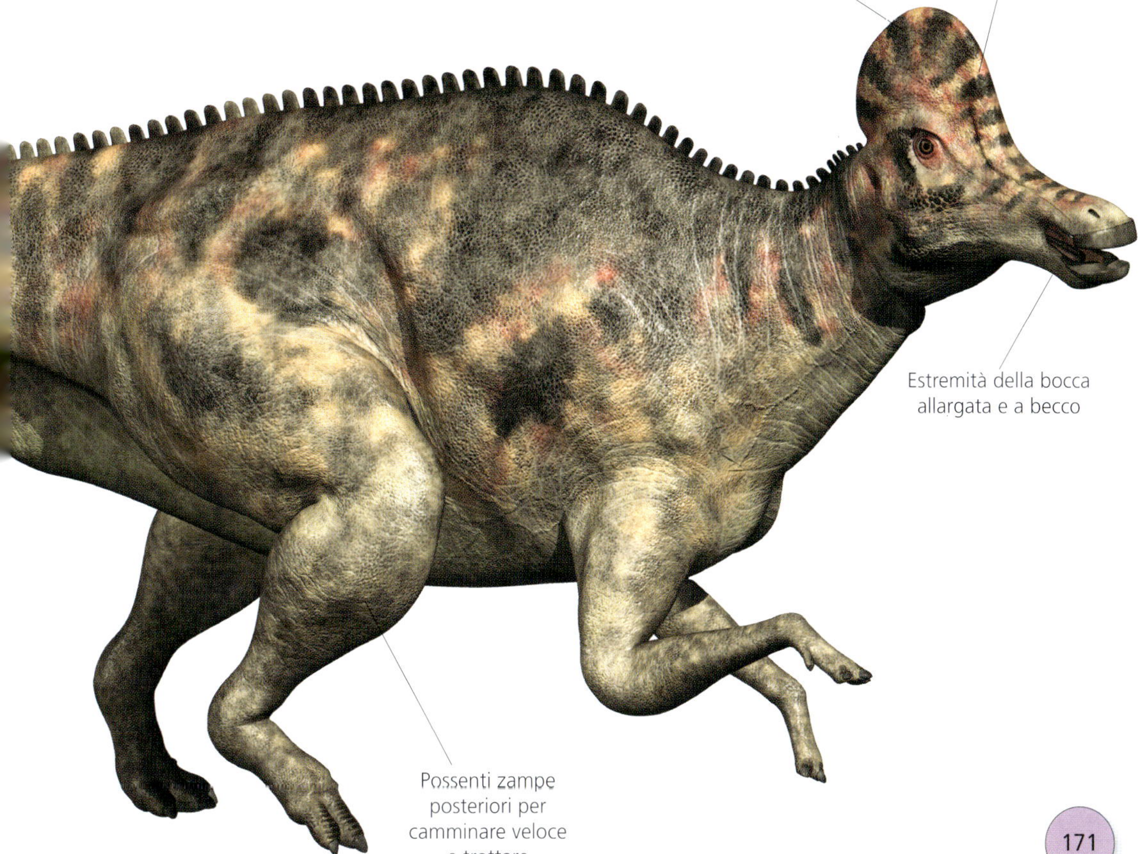

Lo Psittacosaurus

- **Lo Psittacosaurus era un erbivoro** e un parente primitivo del gruppo dei ceratopsidi, o "dinosauri cornuti".
- **Apparse nel Cretaceo medio,** diverse specie di *Psittacosaurus* vissero da 125 a 100 mya.

▼ *Un adulto di* Psittacosaurus *è stato rinvenuto con oltre 30 esemplari giovani, di cui probabilmente si stava prendendo cura.*

- **Lo *Psittacosaurus* fu identificato** nel 1923 da un ritrovamento fossile in Mongolia, Asia centrale. In Asia, i fossili sono stati trovati in varie zone, tra cui Russia, Cina e Thailandia.
- **Le zampe posteriori** erano più lunghe e forti delle anteriori: poteva quindi sollevarsi e correre velocemente sulle zampe posteriori invece che su tutte e quattro le zampe.
- **Era lungo** circa 2 m, pesava circa 20 kg e aveva quattro dita per piede.
- ***Psittacosaurus*** significa "lucertola pappagallo": il nome fa riferimento alla bocca simile al becco di un pappagallo.
- **All'interno delle guance** aveva molti denti affilati, ideali per recidere e sminuzzare il duro fogliame.

LO SAPEVI?

I fossili dimostrano che i piccoli di Psittacosaurus appena usciti dalle uova erano poco più lunghi della mano di una persona.

I ceratopsidi

- **I ceratopsidi erano grossi erbivori** apparsi meno di 120 mya.
- **Fossili di ceratopsidi** vengono da Europa, America settentrionale e Asia.
- **Ceratopside significa "muso cornuto",** per le lunghe corna sul muso, sopra le sopracciglia o sulla fronte.
- **Molti ceratopsidi** avevano un collare che partiva da dietro la testa e si estendeva ai lati e sopra di essa, coprendo la parte alta del collo e le spalle.
- **Famosi ceratopsidi** sono il *Triceratops*, lo *Styracosaurus*, il *Centrosaurus*, il *Pentaceratops*, l'*Anchiceratops*, il *Chasmosaurus* e il *Torosaurus*.
- **Il collare** di alcuni ceratopsidi, come quello del *Chasmosaurus*, aveva delle grandi aperture nell'osso, dette finestre.

- **Le finestre del collare** erano ricoperte di pelle spessa e squamosa.
- **I ceratopsidi non avevano denti** nella parte anteriore della bocca, simile a un becco ricurvo.
- **Grazie a file** di potenti molari, i ceratopsidi sminuzzavano i vegetali di cui si cibavano.

LO SAPEVI?

Tra gli animali terrestri, il Torosaurus aveva il cranio più lungo: misurava 2,6 metri dalla punta del muso alla parte posteriore del collare.

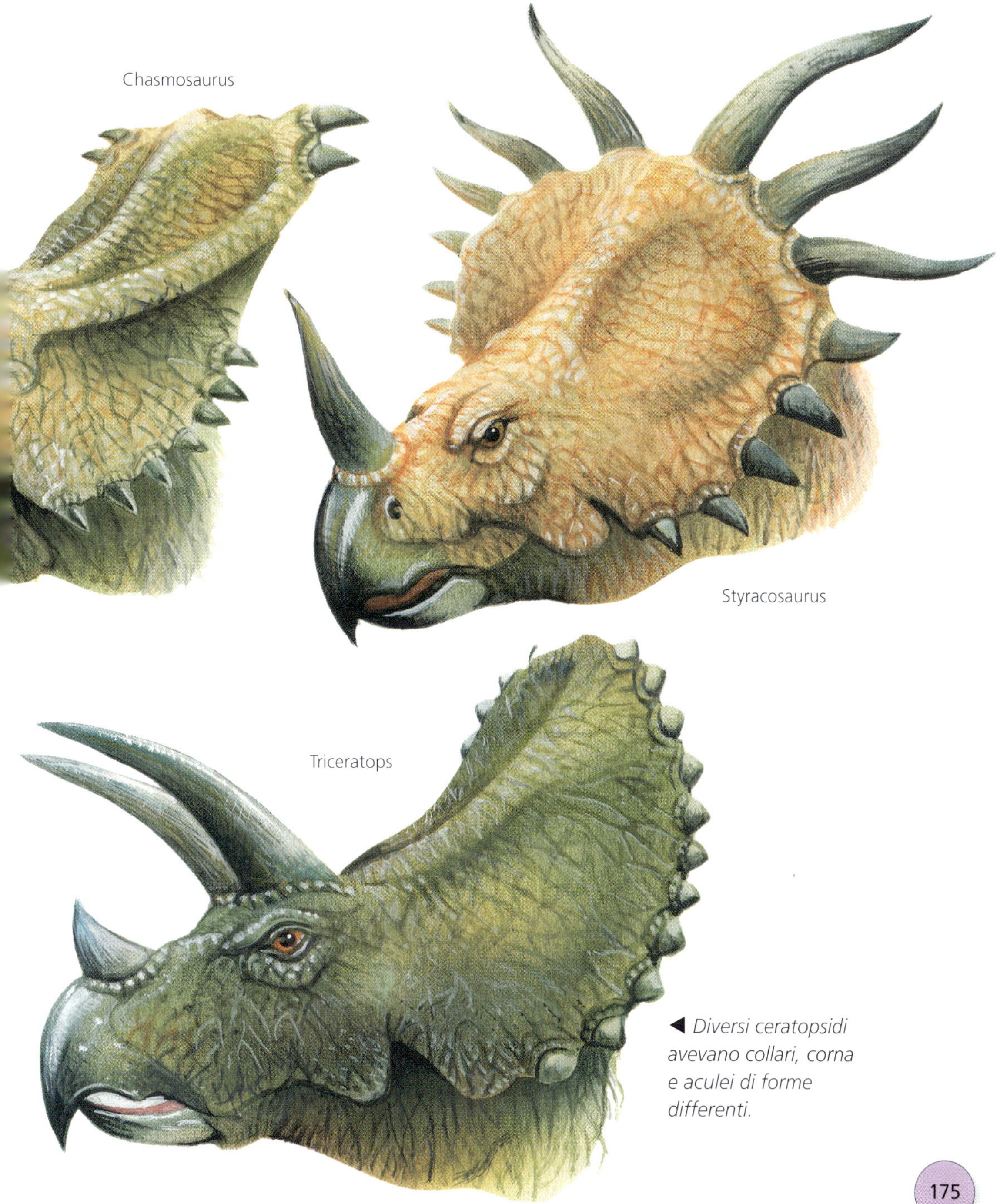

◀ *Diversi ceratopsidi avevano collari, corna e aculei di forme differenti.*

Il Triceratops

- **Esistono numerosi resti fossili** di *Triceratops*. È uno dei dinosauri più studiati e meglio conosciuti, vissuto alla fine dell'epoca dei dinosauri, 68-66 mya.
- Il ***Triceratops* era il più grande** tra i ceratopsidi erbivori, o dinosauri cornuti.
- **Fossili di oltre** 100 esemplari di *Triceratops* sono stati scoperti in America settentrionale, ma nessuno scheletro completo.

- **Era lungo circa 9 m** e pesava fino a 10 tonnellate, come uno dei più grandi elefanti moderni.
- **Oltre a un corto corno sul naso** e due corna di un metro sopra gli occhi, il *Triceratops* aveva un ampio collare che copriva il collo come una piastra ricurva.
- **Il collare** costituiva un punto di ancoraggio per i potenti muscoli masticatori del dinosauro.
- **Simile a uno scudo,** il collare osseo proteggeva il *Triceratops* durante gli scontri con i predatori.
- **Il collare** aveva probabilmente colori accesi per spaventare i rivali o i nemici, oppure per attirare le femmine.
- **La bocca** del *Triceratops* terminava con un becco senza denti. Tuttavia, aveva denti affilati per masticare nelle guance.

▲ *Becco, testa e collare costituivano quasi un quarto della lunghezza del* Triceratops.

I pachicefalosauri

- **I pachicefalosauri furono** tra gli ultimi gruppi di dinosauri a popolare la Terra, 80-66 mya.
- **Il nome del gruppo deriva** da uno dei suoi esemplari più conosciuti, il *Pachycephalosaurus*.
- ***Pachycephalosaurus* significa** "lucertola dalla testa spessa", per la spessa cupola ossea che aveva in testa, simile a un vero e proprio casco di protezione!

LO SAPEVI?

I pachicefalosauri vengono anche chiamati dinosauri dalla "testa dura", "testa a cupola" o "testa a casco".

▶ *Come i suoi simili, il* Pachycephalosaurus *aveva la testa coperta da uno spesso strato osseo.*

▲ *Il* Wannanosaurus *era uno dei pachicefalosauri più piccoli: era lungo solo un metro. Secondo alcuni scienziati, lottava contro i rivali a testate, mentre per altri la cupola del cranio era un'arma di difesa.*

- **Lungo circa 4,5 m** dal naso alla coda, il *Pachycephalosaurus* visse nel Midwest americano.
- **Lo *Stegoceras*,** vissuto anch'esso nel Midwest americano, era lungo circa 2 m e grosso quanto una capra.
- **L'*Homalocephale*, lungo circa 2 m** e dal cranio piatto, visse in Asia 80 mya. Alcuni credono che si trattasse di un giovane *Prenocephale*.
- **I pachicefalosauri si difendevano** probabilmente abbassando la testa e caricando i nemici.
- **Durante la stagione riproduttiva,** i maschi si scontravano probabilmente a testate.

La pelle

- **Numerosi fossili di pelle di dinosauro** dimostrano che i dinosauri avevano la squame come i rettili moderni.
- **Come nei coccodrilli,** le squame dei dinosauri erano inserite nella pelle dura e spessa invece di essere appoggiate sopra e di sovrapporsi come nei serpenti.
- **I primi fossili di pelle** di dinosauro trovati a metà del 1800 furono attribuiti dagli scienziati a giganteschi coccodrilli preistorici.
- **La pelle fossile** del dinosauro cornuto *Chasmosaurus* ha rivelato che tra le squame erano disseminate protuberanze più grandi, dette tubercoli.

▼ *Lo* Scelidosaurus *era ricoperto dalla testa alla coda di duri scudi (placche ossee sulla pelle) e noduli, che si pensa lo proteggessero dai dinosauri carnivori.*

▲ *Pelle fossile, come questa di un adrosauride, è un ritrovamento piuttosto raro.*

- **È stata trovata pelle fossile** anche dell'adrosauride dal becco d'anatra *Edmontosaurus*.
- **L'*Edmontosaurus* era ricoperto** di migliaia di piccole squame simili a sassolini, intervallate da protuberanze o tubercoli più grandi.
- **Vari fossili di pelle** dimostrano che le squame di dinosauri come l'*Iguanodon* erano più grandi rispetto a quelle degli adrosauridi, simili per dimensioni.
- **La pelle squamosa** proteggeva il dinosauro dai denti e dagli artigli dei nemici, da ferite accidentali e dai morsi di insetti come zanzare e pulci.

LO SAPEVI?
Molte squame di dinosauro erano esagonali, caratteristica che le rendeva robuste e flessibili.

I colori

- **Nessuno sa con certezza** che colori avessero i dinosauri.
- **Alcuni fossili** di pelle di dinosauro mostrano motivi o sfumature, ma tutti del colore della pietra, essendo i fossili esseri viventi diventati pietra.
- **Tuttavia, ritrovamenti recenti** hanno permesso di studiare dettagli microscopici di strutture chiamate melanosomi nelle piume di dinosauro, contenenti indicazioni sui colori.
- **Il dinosauro piumato *Sinosauropteryx*** aveva probabilmente piume bianche e rossastre.
- **Alcuni dinosauri** erano di un giallo intenso, oppure rossi o blu, e forse a strisce o maculati, come le moderne lucertole e i serpenti.

- **Alcuni dinosauri** sembra avessero colori accesi per spaventare i predatori o intimidire i rivali durante il corteggiamento. I colori potevano anche servire ad attirare le femmine.
- **Alte "vele"** sul dorso dell'erbivoro *Ouranosaurus* e del carnivoro *Spinosaurus* potevano essere semplicemente sfoggiate, oppure servire a regolare la temperatura corporea.
- **Le placche ossee dorsali** degli stegosauri, con i loro colori, potevano essere un segnale per i nemici e le femmine.
- **Il largo collare** di dinosauri come il *Triceratops* forse era colorato, per essere sfoggiato dai vari esemplari.

Alcuni dinosauri potrebbero essere stati di un verde o marrone sbiadito, come i coccodrilli, per mimetizzarsi tra gli alberi, le rocce e il terreno.

▲ *Il* Dilong *era lungo 2 metri e aveva piume filiformi le cui minuscole strutture in campioni ben conservati indicano la presenza di colore. Tuttavia, nella stragrande maggioranza dei casi, i colori sono solo frutto di congetture.*

La corazza

- **Molti tipi di dinosauri** avevano "corazze" protettive.
- **Alcune corazze** erano formate da placche ossee, chiamate osteodermi, inserite nella pelle.
- **Un dinosauro corazzato** poteva pesare il doppio di uno delle sue stesse dimensioni senza corazza.
- **I dinosauri corazzati** si dividono in due gruppi principali: anchilosauri e nodosauridi.

▼ *Le escrescenze ossee del* Saltasaurus *erano sparse su dorso e fianchi.*

- **Il grande sauropode** *Saltasaurus*, insolito per il suo gruppo, aveva una specie di corazza formata da centinaia di piccole protuberanze ossee incastrate nella pelle del dorso.
- **Sul dorso,** il *Saltasaurus* aveva anche una cinquantina di placche ossee più grandi, più o meno quanto una mano umana.

- **Il nome *Saltasaurus*** deriva dalla regione di Salta in Argentina, da dove vengono i suoi fossili. Altri fossili sono stati trovati in Uruguay.
- **Il *Saltasaurus* era lungo 12 m** e pesava circa 6-8 tonnellate.

Le corna

- **Le corna dei dinosauri crescevano** insieme all'animale. Avevano un nucleo osseo e un rivestimento di un materiale resistente costituito principalmente da cheratina, sostanza di cui sono fatti i capelli e le unghie umane.
- **Erano più diffuse** tra gli erbivori. Erano un'arma di difesa, anche per proteggere i giovani esemplari dai predatori.
- **Le corna più grandi** caratterizzavano i ceratopsidi o dinosauri cornuti come il *Triceratops*.
- **In alcune corna di ceratopsidi,** il solo nucleo osseo era lungo circa un metro. Visto che non includeva la guaina esterna, l'intero corno doveva essere ben più lungo.
- **Il ceratopside *Styracosaurus*,** o "lucertola fornita di punte", aveva una serie di lunghe corna attorno alla parte alta del collare e un corno molto lungo sul naso.
- **Le corna potevano essere sfoggiate** per intimidire i rivali dimenando la testa ed evitando scontri fisici.

LO SAPEVI?

I dinosauri usavano le corna per sradicare le piante o disseppellire le radici di cui si cibavano.

- **In battaglia,** i maschi di dinosauro si sfidavano in prove di forza a cornate, come fanno oggi le antilopi.
- **Dinosauri corazzati** come il nodosauride *Panoplosaurus* avevano spuntoni simili a corna lungo i fianchi, soprattutto nella zona delle spalle.

◀ *Se si avvicinava un nemico, lo* Styracosaurus *lo caricava con la testa bassa e lo colpiva con il lungo corno appuntito. L'ampio collare osseo sulla nuca gli conferiva un aspetto ancora più minaccioso.*

Le creste craniche

- **Molti dinosauri avevano escrescenze,** placche o sporgenze ossee sulla testa, chiamate *creste craniche*.
- **Le creste craniche** erano ricoperte di pelle dai colori accesi, come segno distintivo.
- **Carnivori con creste craniche** erano il *Carnotaurus* e il *Dilophosaurus*.
- **I dinosauri con le creste craniche più grosse** ed elaborate erano gli adrosauridi.
- **La cresta cranica più grande in assoluto** è probabilmente quella lunga, cava e tubolare del *Parasaurolophus*.
- **Le creste craniche degli adrosauridi** forse servivano ad amplificare i suoni emessi.
- **Alcuni anni fa,** si pensava che l'adrosauride *Tsintaosaurus* avesse una cresta cranica molto insolita: una struttura tubolare cava tra gli occhi, simile a quella di un unicorno.
- **La cresta cranica** del *Tsintaosaurus* è stata poi attribuita a un altro adrosauride, il *Tanius*.

LO SAPEVI?

Le creste craniche di alcuni grandi esemplari di Parasaurolophus, probabilmente maschi adulti, erano lunghe anche 1,8 m!

È stato poi rinvenuto un altro *Tsintaosaurus* con una cresta simile, ma più a forma di pala, quindi si annovera ancora tra i dinosauri con la cresta.

▼ *La lunga cresta del* Parasaurolophus *terminava sul retro con un lembo di pelle ancorato alla parte più bassa della nuca.*

I denti

- **Alcuni dei resti fossili più comuni** sono denti di dinosauro, le parti più dure del loro corpo.
- **I denti di dinosauro** erano di svariate forme e dimensioni: pugnali, coltelli, cesoie, picchetti, pettini, rastrelli, lime, batterie per macinare e morse.
- **In alcuni dinosauri,** tre quarti dei denti erano infissi nell'osso mascellare, e solo un quarto era visibile.
- **I denti di erbivori** come l'*Iguanodon* avevano punte oblique che sfregavano le une contro le altre per macinare il cibo.

▼ *Il* T. rex *aveva più di 50 denti "a banana", abbastanza lunghi e forti da lacerare la carne e frantumare le ossa.*

- **Alcuni dinosauri dal becco d'anatra** (adrosauridi) avevano oltre mille denti, tutti nella parte posteriore della bocca.
- **Come nei rettili moderni,** probabilmente nei dinosauri i denti nuovi sostituivano quelli vecchi, consumati o rotti.
- **Alcuni dei denti di dinosauro più grandi** appartenevano a un *Daspletosaurus* lungo 9 m, un carnivoro simile al *T. rex*. Erano lunghi fino a 18 cm.

▼ L'Edmontosaurus *non aveva denti frontali, ma solo un "becco d'anatra".*

L'Edmontosaurus *aveva denti adatti a sminuzzare le piante.*

Il becco

- **La bocca di molti tipi di dinosauri** terminava con un becco senza denti.
- **I dinosauri con il becco** includevano ceratopsidi (dinosauri cornuti) come il *Triceratops*, ornitopodi come l'*Iguanodon* e adrosauridi (dinosauri dal becco d'anatra), stegosauri, anchilosauri (dinosauri corazzati) e i veloci dinosauri struzzo.

▶ *Negli adrosauridi, o dinosauri dal becco d'anatra, come questo* Lambeosaurus, *l'estremità della bocca era piatta, come un becco d'anatra. Probabilmente questi enormi erbivori usavano il becco affilato per recidere il fogliame che poi masticavano con batterie di denti piatti rinnovati in continuazione.*

▶ *Il* Protoceratops *aveva un cranio alto con mascelle profonde e un becco.*

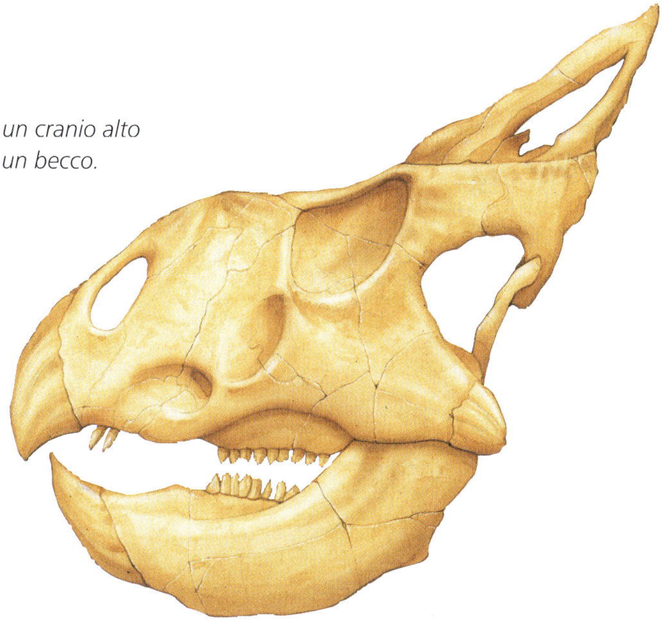

- **Molti dinosauri con il becco** avevano denti masticatori nella parte posteriore della bocca. I dinosauri struzzo però non avevano denti.
- **Il becco di un dinosauro** era formato dalle ossa mandibolari superiori (mascella) e inferiori (mandibola).
- **Le ossa frontali** della mascella di un dinosauro erano ricoperte di corno, che formava il rivestimento del becco.
- **Con tutta probabilità, i dinosauri usavano** il becco per beccare, recidere, lacerare e sminuzzare il cibo. Forse veniva usato anche per colpire violentemente gli aggressori.

LO SAPEVI?

Viste le proporzioni, alcuni dei becchi più grandi erano di Oviraptor e Psittacosaurus.

Il naso

- **I dinosauri respiravano** dalla bocca e/o dal naso, come fanno oggi molte altre creature.
- **I crani fossili di dinosauro** mostrano la presenza nell'osso di due aperture nasali, chiamate *nari*.
- **Le aperture nasali,** o nari, portavano alle camere nasali all'interno del cranio, sede degli organi dell'olfatto.
- **Alcuni carnivori,** specialmente carnosauri come *Allosaurus* e *T. rex*, avevano ampie camere nasali e probabilmente un olfatto eccellente.
- **In molti dinosauri,** le nari erano situate nella parte anteriore del muso, subito sopra la mascella.
- **In alcuni dinosauri,** in particolare sauropodi come *Mamenchisaurus* e *Brachiosaurus*, le nari erano più in alto, tra gli occhi.
- **I fossili dimostrano** che i passaggi d'aria portavano dalle camere nasali alla testa per la respirazione.

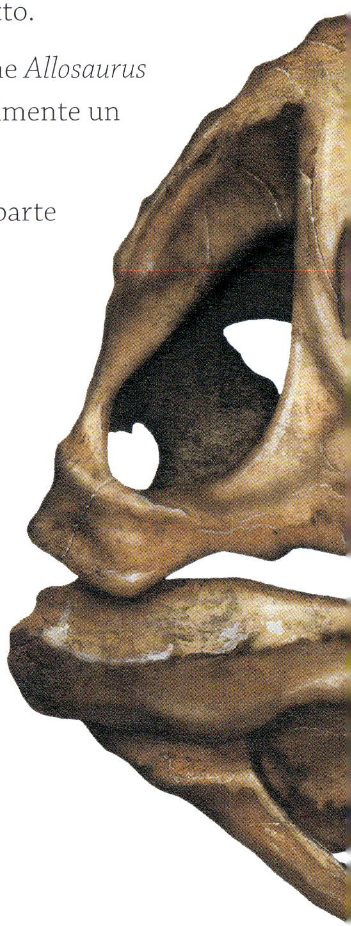

LO SAPEVI?

Negli adrosauridi, i passaggi nasali all'interno delle creste craniche ossee erano lunghi più di un metro.

- **Le aperture nasali** portavano ad aperture esterne, o narici, nella pelle.
- **Nuovi studi condotti su animali moderni** suggeriscono che le narici dei dinosauri fossero posizionate più in basso delle nari, verso la parte anteriore del muso.

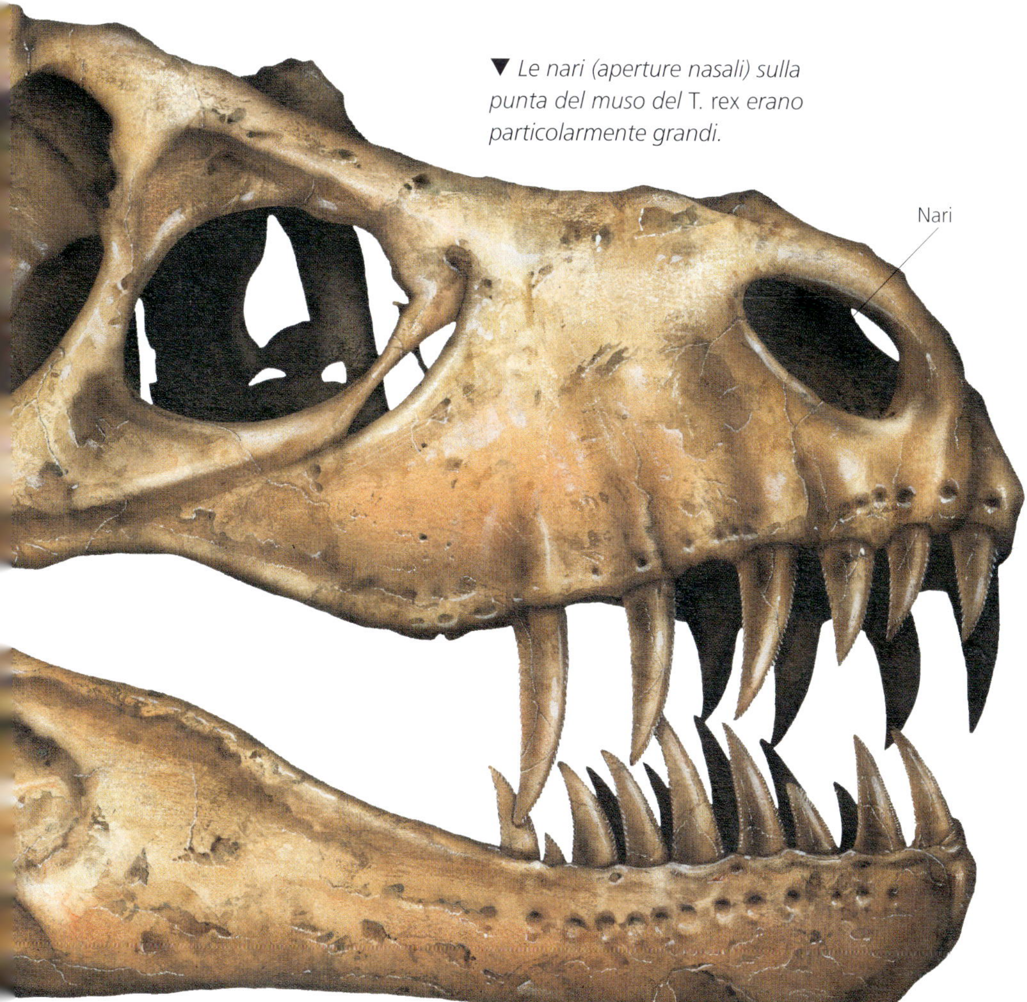

▼ *Le nari (aperture nasali) sulla punta del muso del* T. rex *erano particolarmente grandi.*

Gli occhi

Non sono mai stati trovati fossili di occhi di dinosauro: erano fatti di tessuti molli che si decomponevano velocemente oppure venivano mangiati dai necrofagi.

▼ *Il* T. rex *aveva grandi occhi inclinati che puntavano più in avanti che lateralmente. Questo gli permetteva di vedere di fronte a sé con ambedue gli occhi contemporaneamente e di calcolare bene le distanze.*

▶ *L'orbita oculare del* Troodon *era molto grande: in questo cranio, è l'apertura intermedia allungata.*

- **Indizi importanti** sugli occhi dei dinosauri vengono dalle cavità arrotondate del cranio, o orbite, che ospitavano gli occhi.
- **Le orbite** dei crani fossili dimostrano che i dinosauri avevano occhi simili ai rettili di oggi.
- **Il sauropode *Vulcanodon*,** lungo 6 m, aveva occhi minuscoli rispetto alle dimensioni della testa.
- **I dinosauri dagli occhi piccoli** probabilmente vedevano bene solo di giorno.
- **Gli occhi di molti dinosauri erbivori,** come il *Vulcanodon,* erano posizionati ai lati della testa, per una visione a tutto campo.
- **Il piccolo carnivoro** *Troodon* aveva occhi relativamente grandi, e probabilmente vedeva bene anche nella penombra.
- **Gli occhi del *Troodon*** erano posizionati di fronte e puntavano in avanti, per vedere meglio i dettagli e calcolare le distanze.
- **I dinosauri con grossi lobi ottici** nel cervello – rigonfiamenti identificabili dalla forma del cranio – avevano una vista eccellente, forse anche di notte.

LO SAPEVI?

L'erbivoro Leaellynasaura aveva grandi lobi ottici, e probabilmente una buona vista.

Il cervello

- **Esiste un collegamento** tra le dimensioni del cervello di un animale rispetto alla massa corporea e il livello di intelligenza dimostrato.
- **Alcuni crani fossili di dinosauro** conservano la cavità che ospitava il cervello, rivelandone dimensioni e forma approssimative.
- **In alcuni casi,** all'interno del cranio fossile si è formato un blocco di pietra che ha assunto le dimensioni e la forma del cervello.
- **Il minuscolo cervello** dello *Stegosaurus* pesava circa 70-80 g, mentre l'intero dinosauro pesava forse 4 tonnellate.
- **Il cervello** dello *Stegosaurus* era solo 1/50.000esimo del suo peso corporeo (in un essere umano è 1/50esimo).
- **Il cervello del *Brachiosaurus*** era probabilmente solo 1/100.000esimo del suo peso corporeo.
- **Il cervello del piccolo carnivoro** *Troodon* era circa 1/100esimo del suo peso corporeo: per questo si ritiene che il Troodon fosse uno dei dinosauri più intelligenti.
- **Il rapporto cervello-massa corporea** per molti dinosauri è simile a quello dei rettili odierni.
- **I carnivori di piccola e media taglia** come il *Troodon* potevano essere "intelligenti" quanto un pappagallo o un ratto.
- **Un tempo si pensava** che lo *Stegosaurus* avesse un "secondo cervello" alla base della coda. Ora si ritiene che questa sporgenza fosse un fascio di nervi.

▶ *Considerata la sua stazza, il* Camarasaurus *era uno dei dinosauri dal cervello più piccolo, grande quanto un pugno umano.*

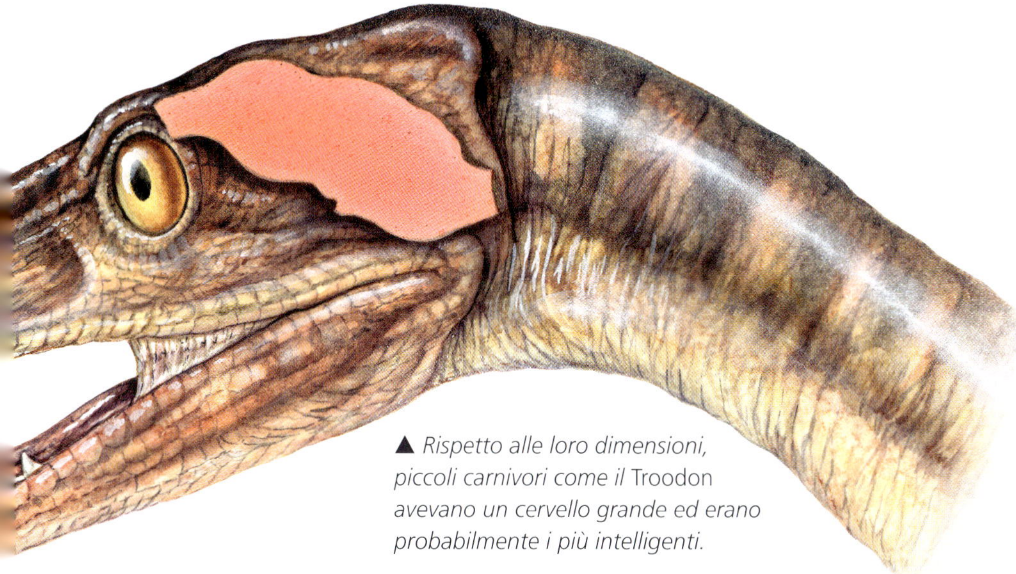

▲ *Rispetto alle loro dimensioni, piccoli carnivori come il* Troodon *avevano un cervello grande ed erano probabilmente i più intelligenti.*

I gastroliti

- **Sassi arrotondati e levigati,** simili a ciottoli, sono stati trovati mescolati a fossili di dinosauro o nelle vicinanze.
- **La presenza di ciottoli** unitamente a fossili di dinosauro è troppo frequente per essere casuale.
- **Questi sassi** sono stati trovati frammisti o accanto ai resti di grandi erbivori, in particolare prosauropodi come il *Massospondylus*, il *Plateosaurus* e il *Riojasaurus,* sauropodi come il *Brachiosaurus* e il *Diplodocus,* lo *Psittacosaurus* dal becco di pappagallo e stegosauri.
- **Alcuni dinosauri erbivori** potrebbero aver usato i sassi levigati nel processo digestivo.
- **I ciottoli** trovati con i resti di dinosauro sono conosciuti con il nome di *gastroliti.*
- **I gastroliti erano sassi** che i dinosauri ingerivano deliberatamente.

◄ *Sono stati ritrovati gastroliti piccoli come piselli e grandi come un pallone.*

- **Nello stomaco,** i gastroliti funzionavano da "macine", frantumando il cibo e trasformandolo in una morbida poltiglia più facile da digerire.
- **Mentre i gastroliti si rimescolavano** nello stomaco del dinosauro, diventavano tondeggianti, lisci e levigati.
- **I gastroliti potrebbero essere il motivo** dell'assenza dei molari in molti grandi erbivori come i sauropodi: il cibo veniva tritato nello stomaco.

▼ *Sauropodi come il* Barosaurus *ingerivano dei sassi che macinavano il cibo nel tratto digestivo chiamato* ventriglio: *non dovevano quindi perdere tempo a masticare.*

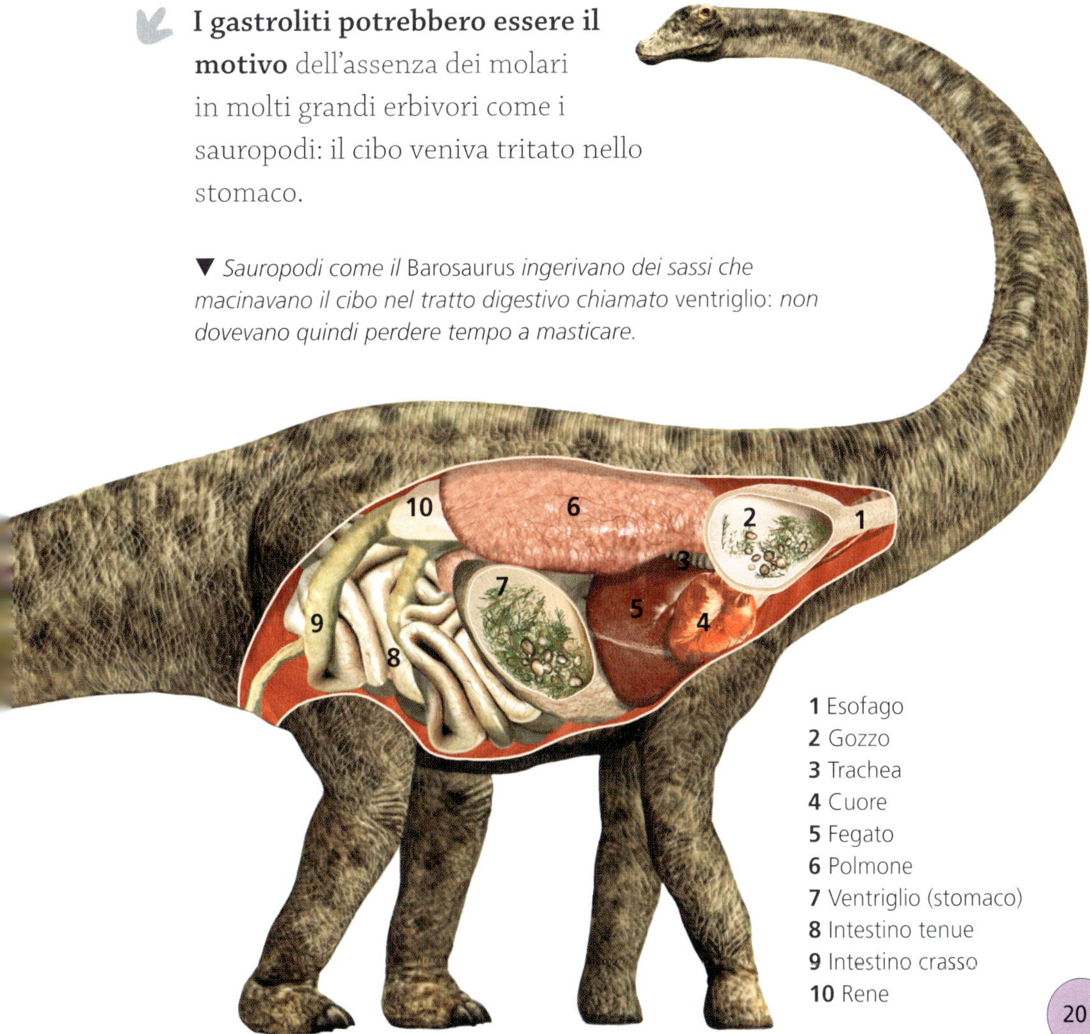

Le vele dorsali

- **Lunghi prolungamenti ossei,** simili ad aculei, spuntavano dal dorso di alcuni dinosauri.
- **Questi prolungamenti** sembra sorreggessero un'ampia falda di pelle, chiamata *vela dorsale*.
- **La vela dorsale era presente** in dinosauri come il carnivoro *Spinosaurus* e l'erbivoro *Ouranosaurus*.
- **Sia lo *Spinosaurus*** che l'Ouranosaurus vissero oltre 100 mya.
- **Fossili di *Spinosaurus*** e *Ouranosaurus* sono stati trovati in Africa settentrionale.
- **La pelle della vela dorsale** poteva avere colori accesi oppure poteva cambiare di colore, come la pelle dei camaleonti di oggi.
- **Colori e motivi** servivano a spaventare i nemici, a dissuadere i rivali e ad attirare le femmine nel corteggiamento.
- **La vela dorsale** serviva anche a regolare la temperatura corporea: il lato esposto al sole ne assorbiva il calore, permettendo al dinosauro di scaldarsi velocemente.
- **Se tenuta all'ombra**, la vela dorsale disperdeva il calore, evitando il surriscaldamento.

▶ *Vela dorsale a parte, l'*Ouranosaurus *era simile al suo cugino erbivoro* Iguanodon.

Il bacino

- **Gli scienziati classificano i dinosauri** in due grandi gruppi, a seconda della struttura delle ossa del bacino.
- **Un gruppo** è quello dei saurischi, che significa "bacino da lucertola".
- **Nei saurischi,** il pube (le ossa pari frontali e inferiori del bacino, a forma di bacchetta) è rivolto verso il basso e in avanti.
- **Quasi tutti i dinosauri carnivori** erano saurischi.

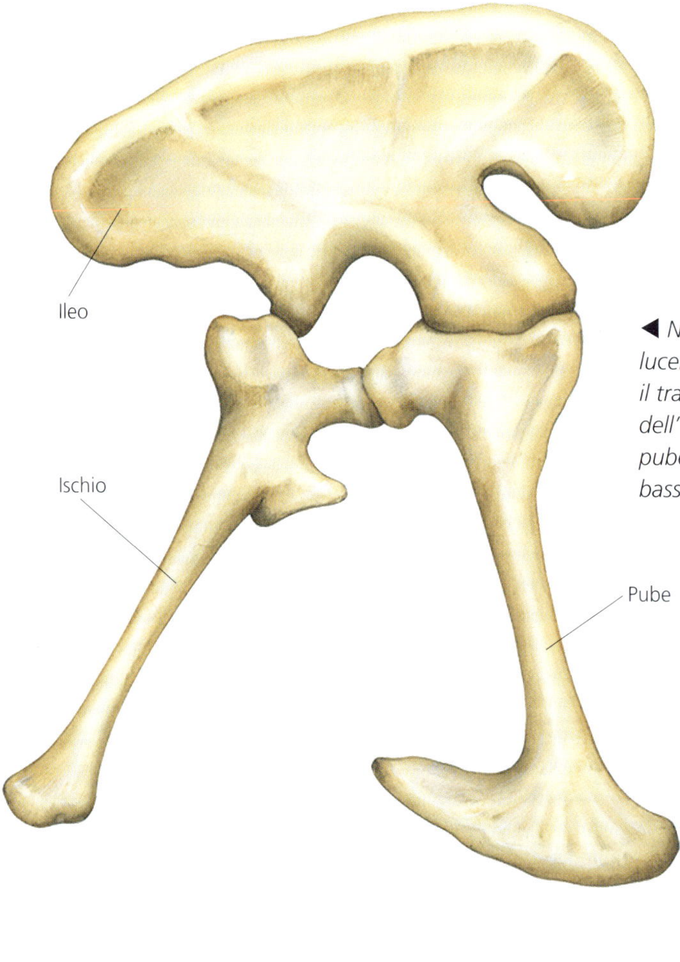

◀ *Nel "bacino da lucertola" dei saurischi, il tratto sporgente dell'osso dell'anca, o pube, è rivolto verso il basso e in avanti.*

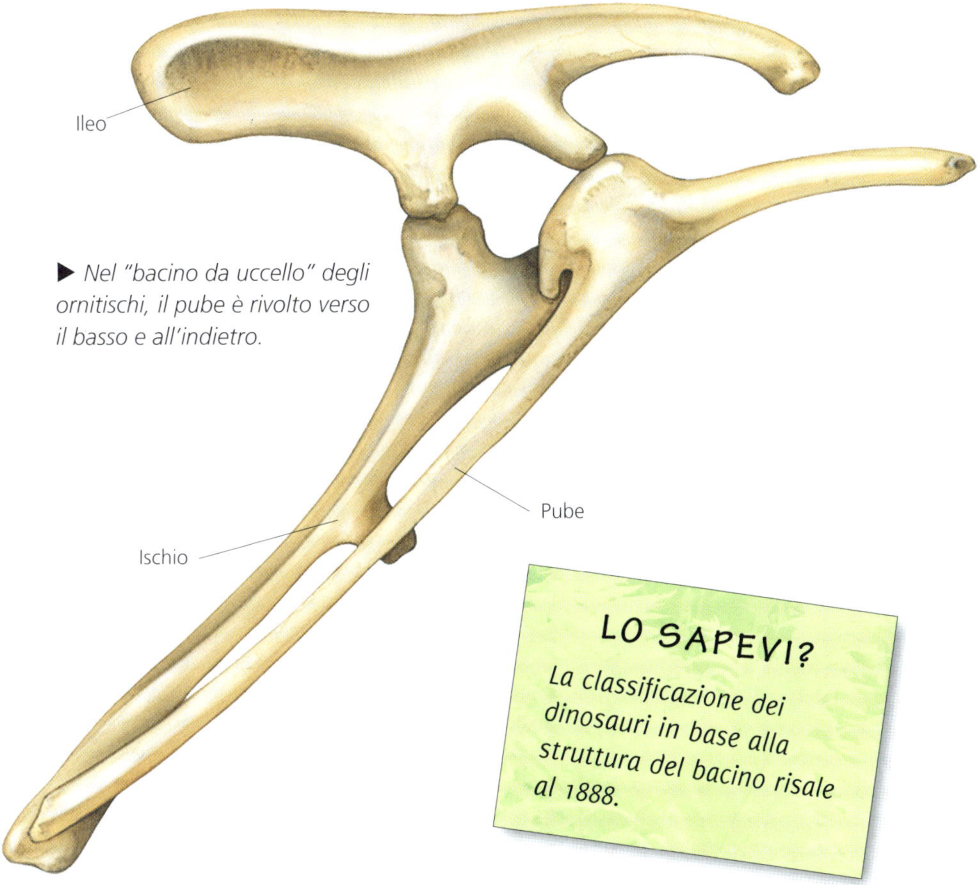

▶ *Nel "bacino da uccello" degli ornitischi, il pube è rivolto verso il basso e all'indietro.*

LO SAPEVI?

La classificazione dei dinosauri in base alla struttura del bacino risale al 1888.

- **Anche i dinosauri più grandi**, cioè i sauropodi erbivori, appartenevano ai saurischi.
- **Il secondo gruppo** è quello degli ornitischi, che significa "bacino da uccello".
- **Negli ornitischi**, il pube è rivolto verso il basso e all'indietro, ed è parallelo a un altro paio di ossa, quelle dell'ischio.
- **Tutti i dinosauri** del gruppo degli ornitischi, dal piccolo *Heterodontosaurus* all'enorme *Triceratops*, erano erbivori.

Zampe e postura

- **Tutti i dinosauri avevano quattro arti.** A differenza di altri rettili, come serpenti e orbettini, non persero le zampe nel corso dell'evoluzione.
- **Alcuni dinosauri**, come il massiccio sauropode erbivoro *Janenschia*, si reggeva e camminava quasi sempre su quattro zampe.
- **Il modo di reggersi e camminare su quattro zampe** è tipico dei quadrupedi.
- **Alcuni dinosauri,** come l'agile dromaeosauride carnivoro *Deinonychus*, si reggevano e camminavano solo sulle zampe posteriori.
- **Il modo di reggersi e camminare sulle zampe posterior**i è tipico dei bipedi.
- **Alcuni dinosauri**, come l'adrosauride *Edmontosaurus*, potevano scegliere se camminare a quattro zampe oppure solo su quelle posteriori.

◀ *Il* Brachiosaurus *aveva la postura tipica dei quadrupedi, a quattro zampe.*

▲ *Il* Tarbosaurus, *un carnivoro molto simile al* T. rex, *era bipede. Le robuste zampe posteriori su cui camminava e correva erano in forte contrasto con le minuscole braccia, che erano troppo piccole per essere usate.*

- **Camminare a due o quattro zampe** è tipico rispettivamente dei bipedi e dei quadrupedi.
- **Rettili come lucertole** e coccodrilli hanno una postura "divaricata", in cui le zampe sono posizionate ai lati corpo.
- **I dinosauri avevano una postura eretta**, con le gambe al di sotto del corpo.
- **La postura eretta e un'andatura più efficiente** potrebbero essere i principali motivi dell'affermazione dei dinosauri su altri animali dell'epoca.

I piedi

- **I piedi dei dinosauri variavano** in base a struttura, peso e stile di vita dell'animale.
- **Il tipico piede anteriore** di un dinosauro aveva ossa metacarpali nella parte bassa del polso o alta della mano, e due o tre falangi in ciascun dito, culminante in un artiglio.
- **Il tipico piede posteriore** di un dinosauro aveva ossa metatarsali (e non metacarpali) nella parte bassa della caviglia.
- **Alcuni dinosauri** avevano cinque dita per piede, come molti altri rettili, uccelli e mammiferi.

▲ *Un* T. rex *aveva tre dita artigliate per piede.*

- **Pare che i sauropodi** avessero la pianta del piede arrotondata e sostenuta da un cuscinetto di tessuto fibroso.
- **Molti sauropodi avevano artigli** sulle prime due o tre dita dei piedi e degli "zoccoli" smussati più piccoli sulle altre due.
- **I dinosauri struzzo** come il *Gallimimus* avevano piedi molto lunghi con dita affusolate per correre veloce.
- **Per ridurre il peso**, molti dinosauri veloci avevano meno dita: il *Gallimimus* ne aveva tre per piede.

Il gruppo degli ornitopodi, che significa "piedi da uccello", comprende l'*Iguanodon*, i dinosauri dal becco d'anatra, l'*Heterodontosaurus* e molti altri erbivori.

LO SAPEVI?

Il gruppo che include tutti i dinosauri carnivori, grandi e piccoli, è quello dei teropodi, che significa "piedi da animale".

▶ *Gli struzzi odierni hanno due dita per piede. Quello più interno, il primo, o pollice, è più grande e artigliato.*

Gli artigli

- **Come nei rettili odierni**, nei dinosauri le dita di mani e piedi terminavano con artigli o simili strutture rigide.
- **Gli artigli di dinosauro** erano fatti probabilmente di cheratina, la stessa sostanza dura di cui erano fatte le corna e di cui sono fatte le unghie degli esseri umani.

- **Forma e dimensioni degli artigli** variavano enormemente da un dinosauro all'altro.
- **In molti dinosauri carnivori** che camminavano sulle zampe posteriori, gli artigli delle mani erano lunghi e affilati, simili a quelli dei gatti.
- **Un piccolo dinosauro carnivoro** come il *Troodon* usava gli artigli delle mani per catturare piccoli mammiferi e lucertole e per raspare il terreno alla ricerca di insetti e vermi.
- **Dinosauri carnivori più grandi** come l'*Allosaurus* usavano gli artigli delle mani per trattenere e dilaniare le prede.
- **Enormi sauropodi erbivori** come il *Diplodocus* avevano zampe da elefante con artigli somiglianti a unghie o zoccoli.
- **Molti dinosauri** avevano piedi con cinque dita artigliate. Altri, come il *T. rex*, ne avevano solo tre.
- **Erano i terizinosauri**, o "lucertole falce", ad avere gli artigli più grandi: a volte erano anche più lunghi di un metro.

▲ *Le dita artigliate delle mani del* Deinonychus *erano particolarmente lunghe e forti.*

Il *Deinonychus* aveva lunghi artigli sulle dita di mani e piedi, con cui dilaniava le prede. Il suo nome significa "artiglio terribile" e visse nel Cretaceo medio.

La coda

- **Tutti i dinosauri** avevano la coda, nonostante alcuni esemplari potevano averla persa a causa di lotte o incidenti.
- **La lunghezza della coda** rispetto al corpo, così come forma, spessore e caratteristiche particolari, forniscono molti indizi sul suo utilizzo.
- **Le code più lunghe**, di oltre 17 m, appartenevano a giganteschi sauropodi erbivori come il *Diplodocus*.
- **Alcuni sauropodi** avevano una catena di oltre 80 vertebre caudali separate (ossa nella coda): più del doppio dell'ordinario.

▼ *Il* Compsognathus *aveva una lunga coda che lo aiutava a mantenere l'equilibrio e a virare velocemente mentre correva.*

▶ *Il sauropode* Shunosaurus, *lungo 10 m, visse in Cina 170 mya. La coda, che terminava con una mazza ossea con spuntoni, era un'arma di difesa efficace.*

- **I sauropodi usavano la coda** come una frusta per colpire i nemici.
- **Molti dinosauri carnivori bipedi** avevano code con una base spessa per bilanciare il peso del corpo.
- **Piccoli carnivori** come il *Compsognathus* usavano la coda per mantenere l'equilibrio durante la corsa.
- **Il carnivoro** *Ornitholestes* aveva una coda lunga più della metà del suo corpo di 2 m. Aveva la funzione di contrappeso e timone quando curvava velocemente.
- **Dinosauri corazzati** chiamati anchilosauri avevano due grosse escrescenze ossee all'estremità della coda, che agitavano come una mazza contro i nemici.
- **I dinosauri dal becco d'anatra** (adrosauridi) agitavano la coda nell'acqua, usandola come un ausilio per nuotare.

Maschi e femmine

- **Nei fossili di dinosauro**, la forma del bacino e della cresta cranica può indicare se si trattava di un maschio o di una femmina.
- **Sono stati rinvenuti fossili di creste** craniche di diverse dimensioni e proporzioni appartenenti all'adrosauride *Lambeosaurus*.
- **Alcuni esemplari di *Lambeosaurus*** avevano creste corte e arrotondate con una serie di piccoli speroni rivolti verso l'alto e all'indietro.

- **Altri tipi di *Lambeosaurus*** avevano una cresta spigolosa con un grosso sperone osseo rivolto verso l'alto e all'indietro.
- **Creste craniche differenti** di *Lambeosaurus* indicano che maschi e femmine avevano un aspetto diverso.
- **Resti dell'adrosauride** *Corythosaurus* mostrano creste di due dimensioni, forse una appartenente alle femmine e l'altra ai maschi.
- **Nuovi studi** sulla diversità delle creste craniche hanno portato alla riclassificazione di una decina di specie di questi dinosauri in due sole specie di *Corythosaurus*.

LO SAPEVI?
In alcuni esemplari di Parasaurolophus la cresta cranica era lunga il doppio: forse una differenza tra maschi e femmine.

◀ *Maschi e femmine di Lambeosaurus avevano probabilmente creste craniche di diverse dimensioni. Questo individuo è un maschio. Quando il dinosauro cresceva, anche le dimensioni della cresta aumentavano.*

A sangue caldo o freddo

- **Se i dinosauri fossero stati a sangue freddo**, come i rettili, sarebbero stati lenti o inattivi al freddo.
- **Se i dinosauri fossero stati a sangue caldo**, come uccelli e mammiferi, sarebbero rimasti caldi e attivi anche al freddo.
- **Un tempo si pensava** che tutti i dinosauri fossero stati a sangue freddo, ma oggi la questione è controversa.

▼ *"Willo", un esemplare del piccolo dinosauro erbivoro* Thescelosaurus *rinvenuto nel 1993, presenta un cuore fossilizzato simile a quello di un uccello o un mammifero. Potrebbe però anche trattarsi di una semplice concrezione naturale...*

▶ *I coccodrilli, già presenti all'inizio dell'epoca dei dinosauri (il Triassico), sono a sangue freddo.*

- **Gli indizi** che fanno pensare a creature a sangue caldo sono nella struttura delle ossa fossili.
- **La struttura di alcune ossa** di dinosauro è più simile a quella di animali a sangue caldo che a quella dei rettili.
- **Alcuni piccoli dinosauri carnivori** si sono probabilmente evoluti in uccelli, che sono a sangue caldo. Si pensa quindi che lo fossero anche questi dinosauri.
- **Se alcuni dinosauri fossero stati a sangue caldo**, avrebbero dovuto mangiare almeno dieci volte di più degli altri, per scaldarsi "bruciando" l'energia fornita dal cibo.
- **In base a quanto emerso** dai fossili di dinosauro, il rapporto tra numero di predatori e prede si avvicina di più ai mammiferi che non ai rettili.
- **Molti piccoli carnivori** erano dotati di piume: un sistema isolante per mantenere il calore corporeo nel caso in cui il dinosauro fosse stato a sangue caldo.

Velocità

- **I dinosauri più veloci** avevano gambe lunghe, affusolate e muscolose e un corpo piccolo e leggero.
- **I dinosauri struzzo** erano probabilmente i più veloci: raggiungevano la velocità massima di 70 km/h, come gli struzzi di oggi.
- **I muscoli principali delle gambe** del dinosauro struzzo *Struthiomimus* erano nei fianchi e nelle cosce.
- **La struttura di gambe e bacino** dei dinosauri struzzo permetteva agli arti di oscillare avanti e indietro velocemente, come nei cavalli da corsa.
- **Grandi e possenti dinosauri erbivori**, come l'*Edmontosaurus* dal becco d'anatra, potevano correre sulle enormi zampe posteriori a una velocità di 40 km/h.
- **Erbivori** come l'*Iguanodon* e il *Muttaburrasaurus* potevano trottare per molte ore a una velocità di 10-12 km/h.
- **Alcuni esperti** affermarono una volta che il grande carnivoro *T. rex* poteva correre a una velocità di 50 km/h.
- **Altri esperti pensano** che il *T. rex* corresse più lentamente, ai 20 km/h.
- **I dinosauri più lenti** furono sauropodi giganti come il *Brachiosaurus*, che procedeva probabilmente a 4-6 km/h (circa la nostra velocità di camminata).
- **L'animale più veloce oggi** è il ghepardo: con una velocità massima di oltre 100 km/h, avrebbe battuto qualsiasi dinosauro.

▼ *Nel 2007, in base ai dati forniti dai fossili, il computer calcolò che la velocità massima del* T. rex *potrebbe essere stata di circa 28 km/h.*

I coproliti

- **I coproliti sono escrementi fossili** di animali vissuti tanto tempo fa, come i dinosauri. Come altri fossili, si sono induriti fino a diventare roccia.
- **Migliaia di coproliti di dinosauro** sono stati rinvenuti negli scavi in tutto il mondo.
- **Esaminare l'interno** dei coproliti può dare indicazioni sulla dieta del dinosauro.

- **Coproliti prodotti** da grandi carnivori come il *T. rex* contengono le ossa delle loro prede.
- **La struttura microscopica** delle ossa trovate nei coproliti rivela l'età della preda mangiata. Si tratta perlopiù di vittime molto giovani o molto vecchie, le più facili da uccidere per un predatore.

- **I coproliti prodotti** da piccoli carnivori come il *Compsognathus* possono contenere le parti dure degli insetti, come le zampe e i gusci dei coleotteri.

Mucchi enormi di coproliti trovati in Montana, USA, furono probabilmente prodotti dal grande erbivoro *Maiasaura*.

I coproliti di *Maiasaura* contengono resti di coni, germogli e foglie aghiformi di conifere, a dimostrazione che la sua dieta si basava su dure sostanze vegetali.

◀ *Questi coproliti sono probabilmente di* Titanosaurus. *Sulla superficie si distinguono chiaramente detriti di piante.*

LO SAPEVI?

Uno dei più grandi coproliti di dinosauro rinvenuti è lungo 44 cm ed è stato probabilmente prodotto dal T. rex.

Le orme

- **Orme fossili di dinosauro** sono state trovate in tutto il mondo.
- **Alcuni dinosauri hanno lasciato le loro orme** camminando sul fango o sulla sabbia delle rive dei fiumi. Il fango si è poi seccato al sole ed è stato coperto da altra sabbia o altro fango, che hanno permesso di preservare le orme fossili.
- **Alcune orme sono state lasciate** dai dinosauri su fango o sabbia, ricoperti successivamente da cenere vulcanica che si è poi indurita.
- **Sono state rinvenute** file di orme, chiamate *piste*. Questo suggerisce che alcuni dinosauri vivessero in gruppi, oppure percorressero regolarmente gli stessi percorsi.

- **La distanza** tra orme delle stesse dimensioni indica se un dinosauro stesse camminando, trottando o correndo.
- **Le orme di grandi carnivori** come il *T. rex* mostrano piedi rivolti in avanti con tre dita artigliate.
- **Le orme di grandi erbivori** come l'Iguanodon mostrano tre dita separate, con tracce poco o per niente evidenti di artigli e piedi rivolti leggermente verso l'interno.
- **Nei giganteschi sauropodi erbivori**, le orme sono arrotondate, con dentellature di zoccoli simili a unghie.
- **Alcune orme di sauropodi** hanno un diametro di oltre un metro.

LO SAPEVI?

Nel 2009, orme di sauropode del diametro di 1,7 m furono trovate nella regione del Giura, in Francia.

▲ *Le orme fossili vengono chiamate tracce fossili, perché sono segni o impronte lasciate dai dinosauri o altre creature, e non resti di parti del corpo.*

Vita in branco

- **Quando fossili di molti esemplari** dello stesso tipo di dinosauro vengono trovati insieme, può dipendere da svariati motivi.
- **Un'alluvione** potrebbe aver trascinato tutti i corpi nello stesso posto, nonostante gli animali vivessero originariamente in luoghi differenti.
- **I dinosauri potrebbero essere morti** nello stesso posto se lo popolavano in gruppo o in branco.
- **Esistono molte prove** che vari tipi di dinosauri vivessero in gruppi o branchi, come nel caso del *Diplodocus*, del *Triceratops* e dell'*Iguanodon*.
- Ritrovamenti di molte orme fossili rivolte nella stessa direzione indicano che alcuni dinosauri vivevano in branco.
- **Alcuni ritrovamenti fossili** includono dinosauri di diverse età: piccoli, giovani e adulti.
- **Orme di un dinosauro erbivoro** sono state trovate con le orme di un carnivoro accanto: quest'ultimo probabilmente stava inseguendo la sua preda.
- **Una serie di orme rivolte** nella stessa direzione indica un branco diretto verso un unico luogo.
- **A volte orme più grandi** compaiono ai lati di orme più piccole: forse gli adulti proteggevano i piccoli facendoli camminare in mezzo a loro.
- **Una serie di orme confuse** fossilizzate nel fango indica un gruppo di dinosauri che si è abbeverato a un fiume o a un lago.

▶ *Un branco di dinosauri lasciava orme simili, ma di diverse grandezze.*

LO SAPEVI?

Nel Peace River Canyon in Canada sono state trovate ben 1700 orme.

Le migrazioni

- **Quasi nessun rettile terrestre di oggi** compie regolarmente le migrazioni.
- **Negli ultimi 30 anni**, alcuni scienziati hanno ipotizzato che alcuni dinosauri migrassero sistematicamente.
- **L'ipotesi della migrazione dei dinosauri** è avvalorata dalla posizione dei continenti all'epoca. In alcune regioni, gli inverni freddi non avrebbero fornito abbastanza piante di cui cibarsi.
- **Resti fossili indicano** che alcune piante non crescevano nei periodi molto caldi o secchi, e quindi alcuni dinosauri avrebbero migrato in cerca di cibo.
- **Ritrovamenti di orme o tracce** di dinosauri che viaggiavano in branco costituirebbero la prova di avvenute migrazioni.
- **Tra i possibili migratori** ci sono il *Pachyrhinosaurus*, sauropodi come il *Diplodocus* e il *Camarasaurus*, e ornitopodi come l'*Iguanodon* e il *Muttaburrasaurus*.
- **Un importante giacimento** ad Alberta, in Canada, contiene i fossili di circa 1000 *Pachyrhinosaurus*: forse un branco in migrazione sorpreso da un'alluvione.
- **Nell'America settentrionale**, grandi branchi di dinosauri cornuti sarebbero migrati a nord per la breve estate subartica.
- **Nel 2012, denti di *Camarasaurus*** fecero pensare a una migrazione di 300 km in varie direzioni, lontano dalla siccità.

▶ *Fossili di* Pachyrhinosaurus *sono stati rinvenuti in zone dell'Alaska che alla fine del Cretaceo si trovavano nel circolo polare artico. È possibile che fossero migrati qui da territori più a sud.*

LO SAPEVI?

Durante le migrazioni, un Centrosaurus poteva percorrere 100 km al giorno.

L'ibernazione

- **I dinosauri** si suppone andassero in uno stato di letargo chiamato *torpore* o *ibernazione* durante i periodi freddi, come molti rettili.
- **L'erbivoro** *Leaellynasaura*, rinvenuto a Dinosaur Cove, in Australia, sarebbe ricorso al torpore in base all'annuale ciclo delle stagioni.

- **Dinosaur Cove** era più vicino al polo sud quando i dinosauri vivevano lì 110-105 mya. A quei tempi, il clima era relativamente caldo e non c'era ghiaccio ai poli.
- **I dinosauri di Dinosaur Cove** dovevano far fronte a periodi di completa oscurità in inverno. Sarebbero ricorsi al torpore per sopravvivere al freddo.
- **Dalla forma degli occhi e del cervello** di *Leaellynasaura*, si ritiene che ci vedesse bene anche nel buio dell'inverno e nella penombra delle foreste.
- **Fossili di dinosauro** sono stati trovati in Artide, vicino al polo nord.
- **In inverno, i dinosauri artici** andavano in letargo oppure migravano al caldo, verso sud.

▼ *Nella stagione fredda, il* Leaellynasaura *probabilmente dormiva in una tana. Rispetto alle sue dimensioni, questo dinosauro di 3 m aveva la coda molto più lunga di tutti gli altri.*

LO SAPEVI?

Leaellynasaura significa "lucertola di Leaellyn", dal nome di Leaellyn Rich, la figlia dei paleontologi che scoprirono i fossili.

I suoni

- **Pochi rettili oggi** emettono suoni complicati: si tratta perlopiù di semplici sibili, grugniti, colpetti di tosse e ruggiti.
- **In base ai fossili**, pare che i dinosauri producessero una varietà di suoni in tanti modi diversi.
- **Le creste craniche ossee e cave** dei dinosauri becchi d'anatra servivano probabilmente a produrre suoni.
- **Le creste craniche** di alcuni adrosauridi contenevano "tubi" usati per respirare.
- **Se l'aria passava forzatamente** attraverso i passaggi della cresta cranica di un adrosauride, provocava una vibrazione.
- **La vibrazione della cresta cranica** avrebbe prodotto un suono forte, come un ruggito o un muggito: qualcosa di simile al barrito di un elefante.
- **Crani fossili** di alcuni adrosauridi come l'*Edmontosaurus* e il *Kritosaurus* indicano la presenza di un lembo di pelle allentata, una specie di sacca floscia, tra le narici e gli occhi.

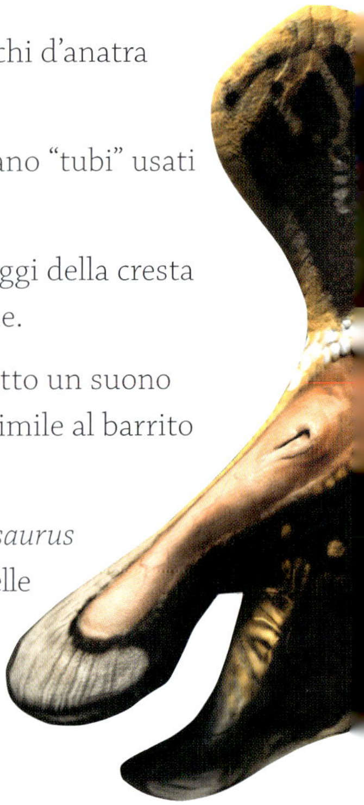

LO SAPEVI?

Soffiando nei modelli di creste craniche degli adrosauri si possono ottenere svariati suoni, simili a quelli degli ottoni e degli strumenti a fiato!

▶ *All'interno della cresta cranica cava dell'adrosauride* Lambeosaurus, *le vie respiratorie o fosse nasali seguivano un percorso sinuoso.*

Il *Kritosaurus* poteva gonfiare il lembo di pelle sul naso come un palloncino per emettere una specie di muggito, come fanno alcune foche oggi.

I nidi

- **Sono centinaia** i ritrovamenti di uova e nidi fossili di dinosauro rinvenuti con i rispettivi genitori.
- **Uova e nidi** dell'erbivoro *Protoceratops*, uno dei primi dinosauri cornuti, furono ritrovati nel 2011.
- **Alcuni nidi** che si pensava fossero di *Protoceratops* sono stati oggi attribuiti all'*Oviraptor*.
- **Molti nidi** sono stati rinvenuti in un'area limitata, perché alcuni dinosauri crescevano i piccoli in colonie.
- **I nidi erano buche poco profonde** a forma di ciotola, di un metro circa di diametro e scavate nella terra.
- **Le uova venivano probabilmente ricoperte** di terra e incubate dal calore del sole.
- **Nuovi nidi venivano costruiti** sopra quelli vecchi: questo dimostra che le colonie venivano usate anno dopo anno.
- **Nidi e uova** dell'erbivoro *Orodromeus* sono stati rinvenuti in Montana, USA.
- **Ogni nido conteneva** circa 20 uova di *Orodromeus* disposte in una spirale con un uovo al centro e le altre via via verso l'esterno.

▼ *Vari indizi forniti dai fossili mostrano che l'adrosauride* Maiasaura *portava il cibo ai nuovi nati nel nido. Non sappiamo però chi se ne occupava, se solo uno o entrambi i genitori.*

LO SAPEVI?

Alcuni nidi di Maiasaura contengono tracce di germogli e foglie fossili: probabilmente cibo che i genitori portavano ai piccoli.

Le uova di dinosauro

- **Ritrovamenti degli anni '70** dimostrano che alcuni dinosauri si sarebbero occupati dei piccoli.
- **Fossili dello *Psittacosaurus*** dal becco di pappagallo sembrano appartenere a un adulto che si stava occupando di più piccoli.
- **Questi fossili si sono conservati** grazie al crollo di una caverna usata come rifugio dall'adulto e dai piccoli.
- **Molti fossili** di esemplari adulti di *Maiasaura* sono stati rinvenuti con nidi, uova e piccoli appena nati.
- **I fossili di *Maiasaura***, di circa 75 mya, vengono perlopiù dal Montana, USA. Il principale giacimento si chiama *Egg Mountain* ("montagna dell'uovo").
- **Sono stati trovati resti** di oltre 100 esemplari di *Maiasaura* di diverse età.
- **I denti dei piccoli di *Maiasaura*** trovati nel nido sono un po' consumati, probabilmente dal cibo che mangiavano.
- **Ossa e articolazioni delle gambe** dei piccoli di *Maiasaura* non erano completamente formate, quindi non erano ancora in grado di muoversi e procurarsi il cibo da soli.
- **Nei siti di nidificazione di *Maiasaura***, i nidi distavano 7 m gli uni dagli altri, lasciando spazio sufficiente per un adulto di 9 m. Ogni nido conteneva fino a 40 uova disposte a spirale.
- ***Maiasaura*** significa "buona madre lucertola". Il nome fu attribuito nel 1979 dai paleontologi americani John "Jack" Horner e Robert Makela.

LO SAPEVI?

Le prime uova fossili di dinosauro descritte scientificamente furono trovate in Mongolia negli anni '20 da una squadra guidata da paleontologi americani.

▲ *Un calco di piccolo di* Maiasaura *tra i resti fossili di un sito di nidificazione. Questi fossili sono stati rinvenuti in Montana, USA.*

Sviluppo

- **In alcuni fossili ben conservati** è possibile riconoscere dettagli come linee, anelli e altri segni collegati allo sviluppo dei dinosauri o altri animali nel corso delle stagioni e degli anni.
- **La spaziatura ridotta tra i segni** può indicare uno sviluppo lento dovuto a carenza di cibo, malattie o clima avverso. Una spaziatura maggiore indica uno sviluppo più rapido, grazie, per esempio, all'abbondanza di cibo.
- **Oltre 60 ossa di dinosauro** sono state studiate in questo modo per determinare il ritmo di crescita in età diverse.
- **Tra le ossa studiate**, quelle del *T. rex* e dei suoi cugini più piccoli *Albertosaurus*, di 2 tonnellate, e *Daspletosaurus*, di 2-3 tonnellate.
- **Secondo gli studi, i tre dinosauri** crebbero particolarmente in fretta in età adolescenziale.
- **L'*Albertosaurus* e il *Daspletosaurus*** ebbero picchi di crescita a circa 11-15 anni d'età, quando si stima che aumentassero di 0,3-0,5 kg al giorno.

◀ *Un giovane* T. rex *aveva proporzioni leggermente diverse rispetto all'adulto qui a fianco, con un muso più corto e arrotondato e arti più affusolati. Questo enorme predatore poteva dirsi completamente sviluppato a circa 20 anni d'età.*

- **Il *T. rex* aumentava di peso** tra i 14 e i 18 anni d'età. Nei picchi di crescita, aumentava di 2 kg al giorno.

- **Questo brusco sviluppo** significa che un *T. rex* adulto pesava due o tre volte di più di un *Albertosaurus* o di un *Daspletosaurus*.

Età e durata della vita

- **Studi approfonditi delle linee di crescita** nei fossili ben conservati rivelano quanto a lungo vivevano i dinosauri e altre creature preistoriche.
- **Un'analisi delle ossa di *T. rex*** ha dimostrato che, raggiunti i 20 anni d'età e le 5 tonnellate di peso, da adulti smettevano praticamente di crescere.
- **L'esemplare noto più vecchio e più grosso** di *T. rex*, soprannominato "Sue", morì all'età di 28 anni.
- **Altre stime sullo sviluppo e sull'età** dei dinosauri vengono dai paragoni con i moderni uccelli, mammiferi e rettili.
- **Alcuni rettili moderni** crescono per tutta la vita, anche se il ritmo di crescita rallenta con l'età, mentre gli uccelli diventano adulti nel giro di uno o due anni e poi non crescono più.
- **Come per molti animali odierni**, il ritmo di crescita di un dinosauro dipendeva probabilmente da disponibilità di cibo, malattie e altri fattori.
- **Piccoli dinosauri carnivori** come il *Compsognathus* potrebbero essere vissuti solo dai cinque agli otto anni.
- **Un sauropode gigante** viveva probabilmente fino a 50 anni, o addirittura più di 100 anni.
- **Nell'arco della sua vita**, un grosso sauropode come il *Brachiosaurus* aumentava il peso di 2000 volte (rispetto alle 20 volte di un essere umano).

LO SAPEVI?

Gli animali terrestri che vivono più a lungo oggi sono rettili come le tartarughe giganti e altre specie di testuggini. In molti casi si parla di 150-200 anni, e a volte addirittura di oltre 250 anni.

▼ *I coccodrilli superano spesso i 50 anni di età, e alcuni forse arrivano ai 100. Per gli alligatori invece l'età massima è di 50-60 anni.*

Europa

- **I primi fossili di dinosauro** scoperti e identificati furono trovati in Inghilterra negli anni '20 del 1800.
- **Uno dei primi scheletri** di dinosauro quasi completi rinvenuto nel 1871 in Inghilterra meridionale fu quello dell'*Iguanodon*.
- **Alcuni tra i fossili più numerosi** dei primi ritrovamenti furono quelli dell'*Iguanodon*, scoperto nel villaggio belga di Bernissart nel 1878.
- **Circa 155-145 mya**, la zona di Solnhofen nella Germania del sud era un mosaico di isole rigogliose e lagune poco profonde brulicanti di forme di vita.
- **A Solnhofen**, fossili incredibilmente dettagliati del piccolo *Compsognathus* e dell'*Archaeopteryx*, il primo uccello conosciuto, erano conservati nell'arenaria.

◀ *I puntini indicano solo alcuni dei giacimenti fossiliferi europei.*

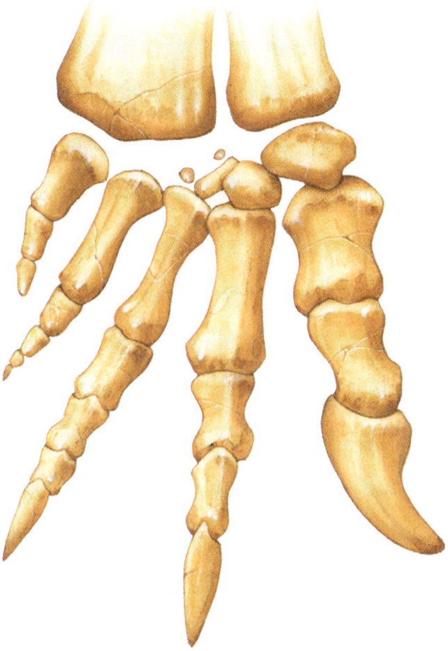

- **Fossili di *Compsognathus*** vengono anche da Nizza, nel sud della Francia.
- **Molti fossili** di *Plateosaurus* furono rinvenuti a Trossingen, in Germania, nel 1911-12, 1921-23 e 1932.
- **Alcune delle più grandi uova fossili**, lunghe 30 cm, vengono da Aix-en-Provence, nel sud della Francia: si pensava appartenessero all'*Hypselosaurus*.
- **L'isola di Wight** nell'Inghilterra del sud conservava così tanti fossili di dinosauro che è stata soprannominata "l'isola dei dinosauri".
- **Fossili di *Hypsilophodon*** sono stati trovati in Spagna orientale, e fossili di *Camptosaurus* sulle coste del Portogallo.

▲ *Uno dei primi grandi dinosauri fu il* Plateosaurus, *o "lucertola piatta". Poteva allungare molto gli arti anteriori e questa sua flessibilità gli permetteva probabilmente di avvicinare alla bocca i rami per nutrirsi.*

▶ *Nel Giurassico, gran parte dell'Europa doveva avere questo aspetto. Dominava un clima tropicale in cui felci, ginkgo, equiseti e cicadine prosperavano accanto a foreste di conifere e felci arboree.*

Africa

- **Le prime importanti scoperte** di fossili di dinosauro in Africa risalgono al 1907, a Tendaguru, nell'odierna Tanzania. Riguardarono il *Giraffatitan*, il *Dicraeosaurus*, e il *Kentrosaurus*.
- **Resti di *Cetiosaurus*** furono trovati in Marocco, in Africa settentrionale.
- **Fossili di *Nigersaurus***, un erbivoro di 9 m di lunghezza e 10 tonnellate di peso, furono trovati in Niger. Questo dinosauro aveva oltre 500 denti!
- **Fossili di *Spinosaurus***, il più grande dinosauro carnivoro, vengono dal Marocco e dall'Egitto.
- **Resti di *Ouranosaurus*** con la vela dorsale sono stati trovati in Niger.

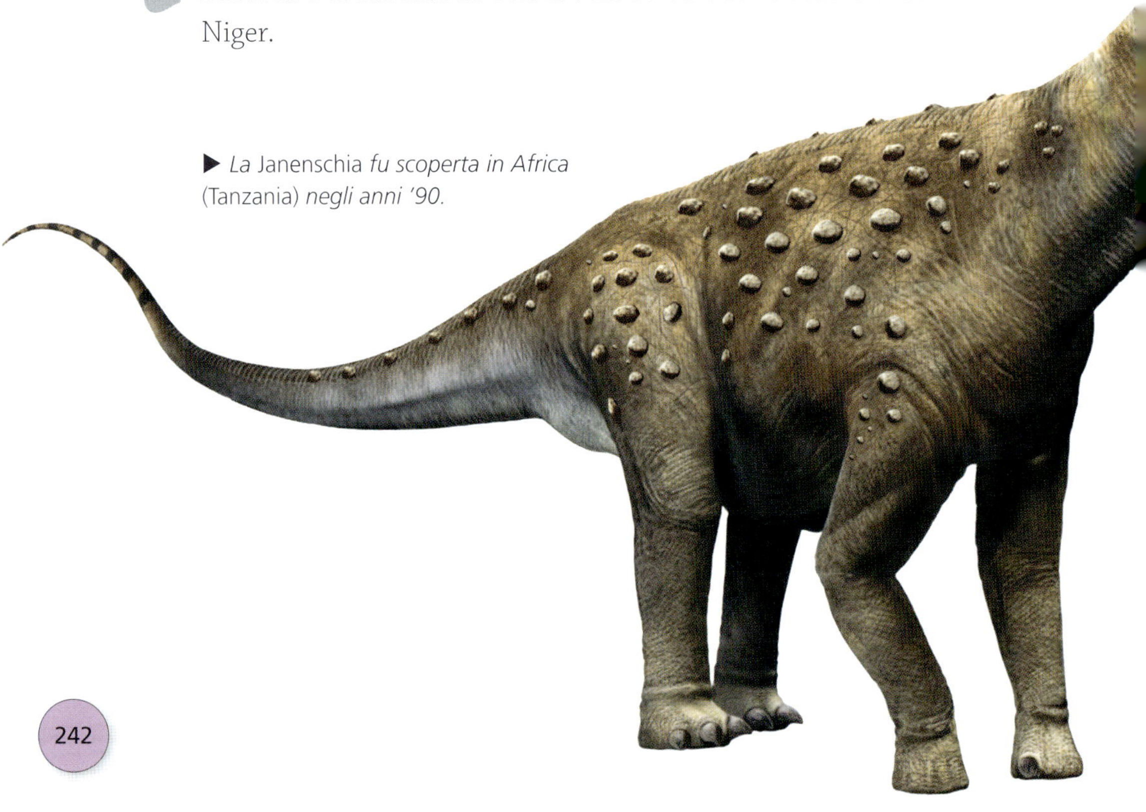

▶ *La* Janenschia *fu scoperta in Africa* (Tanzania) *negli anni '90.*

▶ *In Africa, così come altrove, è più facile trovare i fossili in terreni brulli e rocciosi, come nella regione del Sahara.*

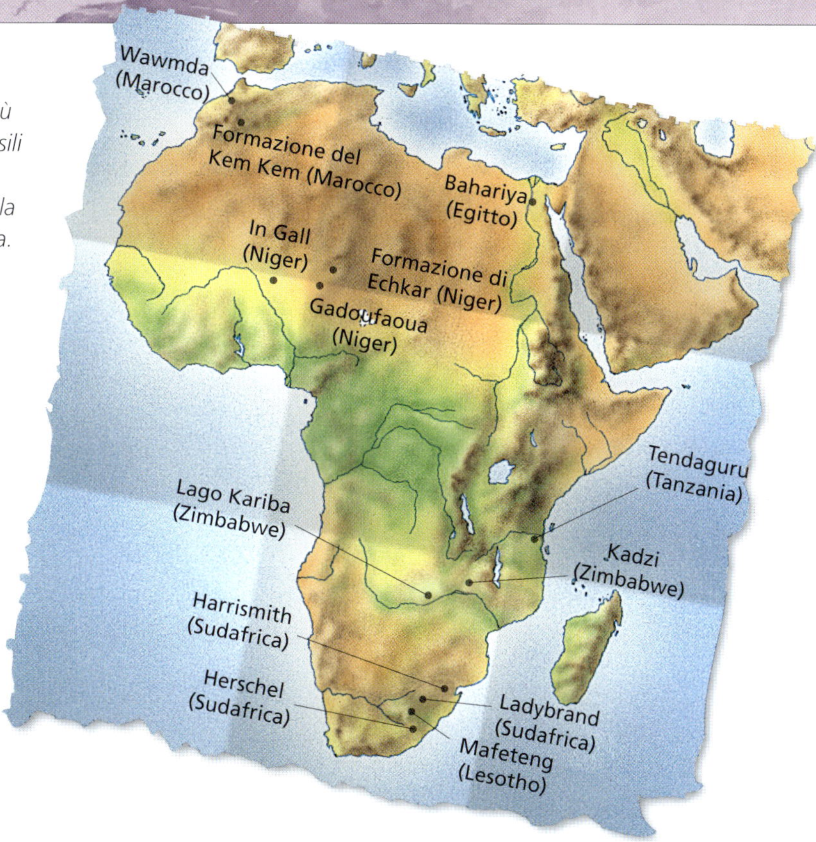

- **Molti fossili di sauropodi** furono portati alla luce in Africa, tra cui il *Malacochersus Tornieri* in Tanzania e il *Vulcanodon* in Zimbabwe.
- **Resti di *Massospondylus***, un prosauropode erbivoro, sono stati estratti da numerosi siti in Africa meridionale.
- **Fossili attribuiti al *Gyposaurus*** sono stati trovati nello Stato Libero dell'Orange, in Africa meridionale.
- **Durante la spedizione del 1908-12** a Tendaguru, oltre 250 tonnellate di ossa fossili e rocce di dinosauri come il *Giraffatitan* furono trasportate per 65 km al porto più vicino per essere spedite in Germania.

Asia

- **Centinaia di tipi di dinosauri** sono stati scoperti nel continente asiatico.
- **In Asia**, gran parte dei fossili di dinosauro trovati finora vengono dal deserto del Gobi in Asia centrale e dall'odierna Cina. Altri sono stati rinvenuti anche nell'odierna India.

- **Resti di *Titanosaurus***, l'enorme sauropode erbivoro, sono stati rinvenuti nei pressi di Umred, in India. Visse circa 70 mya, ed era simile per struttura al cugino vissuto nella stessa epoca in America meridionale, il *Saltasaurus*.
- **Il *Titanosaurus* era lungo** circa 12 m e pesava 10-15 tonnellate.

◀ *Ritrovamenti di fossili di dinosauro interessano tutta l'Asia (vedi le pagine successive per i ritrovamenti nel Gobi e in Cina).*

▲ *I fossili di* Saltasaurus *(nell'immagine) e di* Titanosaurus *sono molto simili. Alcuni esperti li considerano infatti un unico tipo di dinosauro.*

- **Fossili del sauropode** *Barapasaurus* sono stati trovati in India e identificati nel 1975.
- **Il *Barapasaurus* era lungo 14 m** e probabilmente pesava più di 10 tonnellate. È uno dei primi sauropodi conosciuti al mondo, e visse circa 190-180 mya.
- **Fossili di *Dravidosaurus*** sono stati trovati nei pressi di Tiruchirappalli, nel sud dell'India. Secondo ulteriori studi, sarebbero invece di un rettile marino.

Il deserto del Gobi

- **l deserto del Gobi** occupa gran parte della Mongolia meridionale e zone nel nord della Cina.
- **Le prime spedizioni alla ricerca di fossili** nel deserto del Gobi furono organizzate nel 1922-25 dal Museo di Storia Naturale di New York.
- **Le spedizioni**, che avevano l'obiettivo di cercare fossili umani, portarono alla luce straordinari resti di dinosauro.

▼ *Fossili di* Gallimimus *furono rinvenuti nei primi anni '70 nella regione di Nemegt nel Gobi, che ci ha regalato molti resti importanti. Questi includono parti di scheletri di molti esemplari, giovani e adulti.*

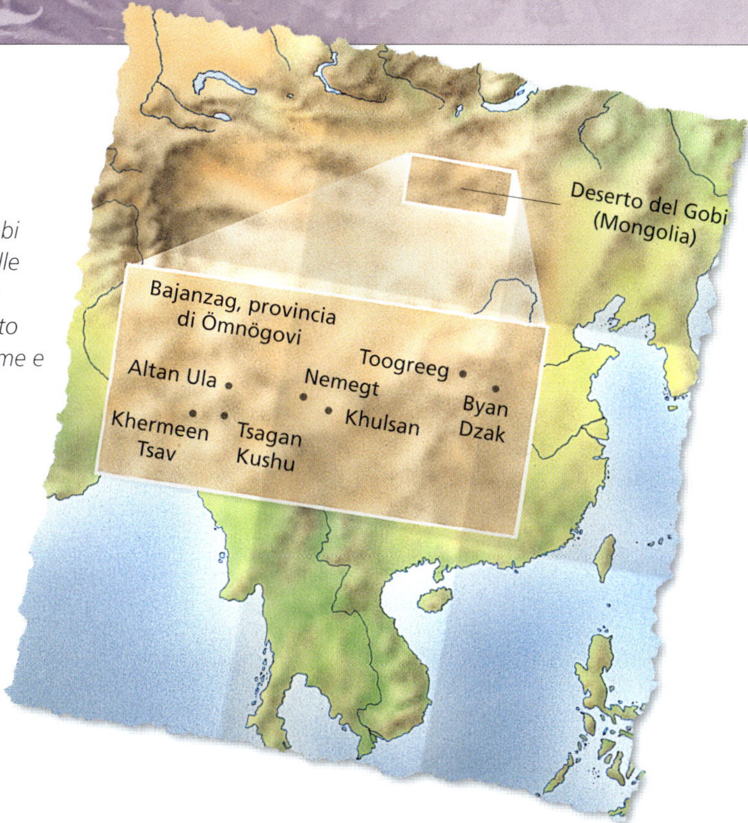

▶ *I giacimenti del Gobi si trovano lontano dalle città. Il duro lavoro di ricerca viene ostacolato da temperature estreme e tempeste di sabbia.*

- **I primi fossili di uova di dinosauro** vengono dalle spedizioni del 1922-25.
- **Il *Velociraptor*, l'*Avimimus* e il *Pinacosaurus*** sono stati scoperti nel deserto del Gobi.
- **Nelle spedizioni russe** del 1946 e 1948-49 nel Gobi furono scoperti nuovi dinosauri corazzati e becchi d'anatra.
- **In spedizioni successive** negli anni '60-'70 furono scoperti il sauropode gigante *Opisthocoelicaudia* e il *Prenocephale* dalla testa a cupola.
- **Tra i dinosauri del Gobi** ci sono anche il *Gallimimus* e l'*Oviraptor*. Negli anni '90 e 2000, furono rinvenuti dei terizinosauri.

Cina

- **Per secoli**, in Cina si è ritenuto che i fossili di dinosauro appartenessero a creature mitologiche come i draghi.
- **I primi fossili** a ricevere attenzione scientifica in Cina furono scoperti negli anni '30.
- **Dagli anni '80**, le scoperte fatte in quasi ogni provincia della Cina hanno sbalordito gli scienziati di tutto il mondo.
- **Alcuni ritrovamenti singolari** in Cina erano dei falsi, come parte di uno scheletro di uccello unita allo scheletro parziale di un dinosauro in una fessura della roccia apparentemente naturale.

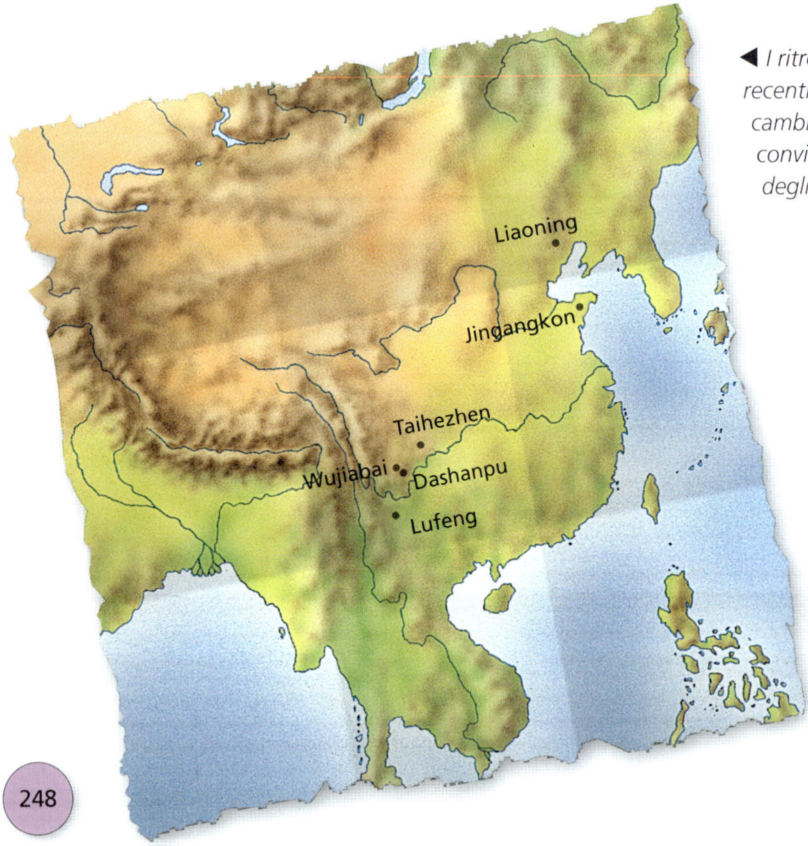

◀ I ritrovamenti recenti in Cina stanno cambiando molte convinzioni storiche degli scienziati.

◀ *Al momento dell'identificazione nel 2000, il* Microraptor, *vissuto nel Cretaceo inferiore, era l'unico dinosauro con corpo, braccia e gambe ricoperte di piume.*

- **Alcuni famosi ritrovamenti cinesi** riguardano il *Mamenchisaurus*, lo *Psittacosaurus*, il *Tuojiangosaurus* e l'*Avimimus*.
- **Resti del prosauropode** *Lufengosaurus* furono rinvenuti nella provincia dello Yunnan, nel sud della Cina, nel 1941.

LO SAPEVI?
Solo gli USA hanno probabilmente più fossili di dinosauro della Cina.

- **Il *Lufengosaurus*** cinese visse nel Giurassico inferiore ed era lungo circa 6-7 m.
- **Molti fossili trovati recentemente** in Cina appartengono a dinosauri piumati come il *Caudipteryx*, il *Sinosauropteryx* e il *Microraptor*.

Australia

- **Negli ultimi 50 anni**, alcune delle scoperte più importanti di fossili di dinosauro sono state fatte in Australia.
- **Resti del grande erbivoro** *Muttaburrasaurus* sono stati trovati vicino a Muttaburra, nel Queensland.
- **Il *Muttaburrasaurus*** era lungo circa 8 m e simile per alcuni aspetti al famoso erbivoro *Iguanodon*.
- **Fossili di Rhoetosaurus**, un erbivoro gigantesco, furono trovati nel 1924 nel Queensland del sud.

LO SAPEVI?

Dinosaur Cove è difficile da raggiungere, e molti fossili si trovano nella dura roccia delle scogliere che scendono a picco sul mare.

▲ *Il* Muttaburrasaurus *visse 110-100 mya nell'odierno Nuovo Galles del Sud, in Australia. Poteva camminare a due o quattro zampe. Cugino dell'Iguanodon, pesava 3 tonnellate.*

▶ *Negli ultimi 50 anni, in Australia sono stati trovati fossili interessanti, molti dei quali rinvenuti in nessun altro posto al mondo.*

- **Il sauropode *Rhoetosaurus*** era lungo circa 15 m e visse circa 180-160 mya.
- **Vicino a Winton, nel Queensland,** più di 3300 orme mostrano una pista percorsa da circa 130 dinosauri.
- **Uno dei principali giacimenti australiani** è Dinosaur Cove, lungo la costa vicino a Melbourne, Victoria.
- **Le rocce ricche di fossili** di Dinosaur Cove fanno parte delle catene montuose di Otway e Strzelecki e risalgono a 120-110 mya.
- **Resti trovati** a Dinosaur Cove includono il *Leaellynasaura*, una versione più piccola dell'enorme carnivoro *Allosaurus*, e l'erbivoro *Atlascopcosaurus*, lungo 3 m e del peso di 120 kg.

America settentrionale

- **L'America settentrionale** è il continente dove sono stati trovati più fossili di dinosauro.
- **Gran parte di questi fossili** vengono dall'Ovest, che include gli stati nordamericani di Montana, Wyoming, Utah, Colorado e Arizona, e da Alberta in Canada.

▲ *Sulla mappa, alcuni dei più importanti giacimenti fossiliferi dell'America settentrionale. Resti di alcuni dei dinosauri più famosi provengono da questi siti: tra gli altri, l'*Allosaurus*, il* T. rex*, il* Diplodocus*, il* Triceratops *e lo* Stegosaurus*.*

▲ *Il* Coelophysis *fu scoperto nel Nuovo Messico, USA, nel 1881. Negli anni '40, un'altra spedizione trovò decine di scheletri in un solo sito.*

- **Molti giacimenti fossiliferi** dell'America settentrionale sono oggi parchi nazionali.
- **Il *Dinosaur National Monument***, sul confine tra Utah e Colorado, fu istituito nel 1915.
- **Il *Cleveland-Lloyd Dinosaur Quarry*** in Utah contiene fossili di stegosauri, anchilosauri, sauropodi e carnivori come l'*Allosaurus*.
- **Lungo il fiume Red Deer** ad Alberta, una vasta zona con migliaia di fossili di dinosauro è diventata il *Dinosaur Provincial Park*.
- **Tra i fossili di Alberta** ci sono quelli del carnivoro *Albertosaurus*, del corazzato *Euoplocephalus* e del *Lambeosaurus* dal becco d'anatra.
- **Il *Dinosaur Provincial Park*** di Alberta è Patrimonio Mondiale UNESCO, e quindi un'area di eccezionale importanza naturale.
- ***L'Alamosaurus*, un enorme erbivoro lungo 20 m,** deve il nome alle formazioni rocciose di Ojo Alamo, chiamate oggi Kirtland Shales, nel Nuovo Messico.

Il Dinosaur National Monument

- Il ***Dinosaur National Monument*** è un'area protetta nel sud-ovest degli Stati Uniti, lungo il confine tra gli stati di Colorado e Utah.
- **È stato uno dei primi siti** al mondo a ricevere una tutela speciale nel 1915 per la presenza di preziosi fossili.
- **Il *Dinosaur National Monument* si estende** oggi per oltre 85.000 ettari.
- **Le rocce** del *Dinosaur National Monument* erano un tempo le sponde e il letto di un fiume dove furono trascinati i corpi degli animali durante le alluvioni.
- **L'area include** la *Dinosaur Quarry* ("cava dei dinosauri"), ricca di fossili, ma anche gli splendidi dintorni dei Monti Uinta e dei fiumi Yampa e Green.
- **L'attuale clima arido** del *Dinosaur National Monument* porta all'erosione di molte rocce ormai spoglie e quindi al rinvenimento di migliaia di fossili.
- **Resti di oltre 20 tipi** di dinosauri e creature simili sono stati trovati qui, tra cui quelli dei carnivori *Allosaurus* e *Ceratosaurus*.

▶ *Uno studioso estrae con cura ossa fossili da uno strato di roccia su un pendio del* Dinosaur National Monument.

- **Ci sono anche fossili** dei sauropodi erbivori *Apatosaurus, Barosaurus, Camarasaurus* e *Diplodocus*, così come dello *Stegosaurus*.
- **Il *Dinosaur National Monument*** vanta mezzo milione di visitatori ogni anno.
- **Sul *Dinosaur Wall*** del centro visite si possono vedere fossili di ossa e altri resti che spuntano fuori dalle rocce in modo confuso.

America meridionale

- **Molte delle più importanti scoperte** di fossili di dinosauro degli ultimi 30 anni sono state fatte in America meridionale.
- **Fossili di dinosauro** sono stati trovati da nord a sud del continente, negli stati del Brasile e dell'Argentina.
- **Molti fossili di dinosauro** sono stati trovati nelle praterie e nelle zone cespugliose e semi-desertiche del Brasile e dell'Argentina.
- **Alcuni tra i primi dinosauri conosciuti,** come l'*Herrerasaurus* e l'*Eoraptor*, vissero oltre 225 mya in Argentina.
- **Anche alcuni degli ultimi dinosauri,** come i sauropodi *Saltasaurus* e *Titanosaurus,* vissero in Argentina.
- **Fossili del predatore carnivoro** *Piatnitzkysaurus* vengono da Cerro Cóndor, in Argentina meridionale.
- **Il *Piatnitzkysaurus* era simile** al grande

◀ *Il* Saltasaurus *deve il suo nome alla provincia di Salta, in Argentina, dove furono trovati i suoi fossili.*

▶ *I fossili di dinosauro trovati in America meridionale a partire dagli anni '70 hanno rivelato carnivori unici, tra i più grandi dinosauri predatori, alcuni dei primissimi dinosauri, e forse il dinosauro più grande in assoluto,* l'Argentinosaurus.

LO SAPEVI??

Alcuni tra i dinosauri più grandi, come l'imponente carnivoro Giganotosaurus e l'enorme sauropode Argentinosaurus, vengono dall'Argentina.

predatore nordamericano Allosaurus, ma con i suoi 4-5 m, era lungo meno della metà.

- **Come molti dinosauri in Argentina,** il *Piatnitzkysaurus* visse nel Giurassico medio-superiore.
- **I resti di una decina** di enormi sauropodi *Patagosaurus* furono trovati nella provincia di Chubut, in Argentina, dal 1977.

I dinosauri antartici

- **Il vasto continente dell'Antartide** non è sempre stato coperto di ghiaccio al polo sud.
- **In alcuni periodi preistorici,** l'Antartide era unita all'Australia e godeva di un clima molto più caldo in cui prosperavano foreste con alberi e arbusti.
- **Questo accadde** nel Giurassico inferiore, 201-174 mya, e poi di nuovo nel Cretaceo inferiore, 145-100 mya.
- **A quei tempi,** insetti, vermi, rettili come dinosauri, coccodrilli e pterosauri volanti, mammiferi e molte altre creature popolavano l'Australia, e fossili di alcune di loro sono stati trovati in Antartide.
- **Trovare fossili** in Antartide è molto difficile per il clima freddo, i venti forti, le tormente, e ghiaccio e neve che coprono le rocce per gran parte dell'anno.

- **I primi fossili di dinosauro** trovati in Antartide furono scoperti nel 1986 sull'isola di James Ross, alla punta della penisola antartica, sotto l'America meridionale.
- **Il dinosauro,** del gruppo degli anchilosauri o dinosauri corazzati, fu chiamato *Antarctopelta,* cioè "corazza antartica".
- ***L'Antarctopelta* era lungo circa 4 m,** pesava fino a una tonnellata e visse circa 70 mya.

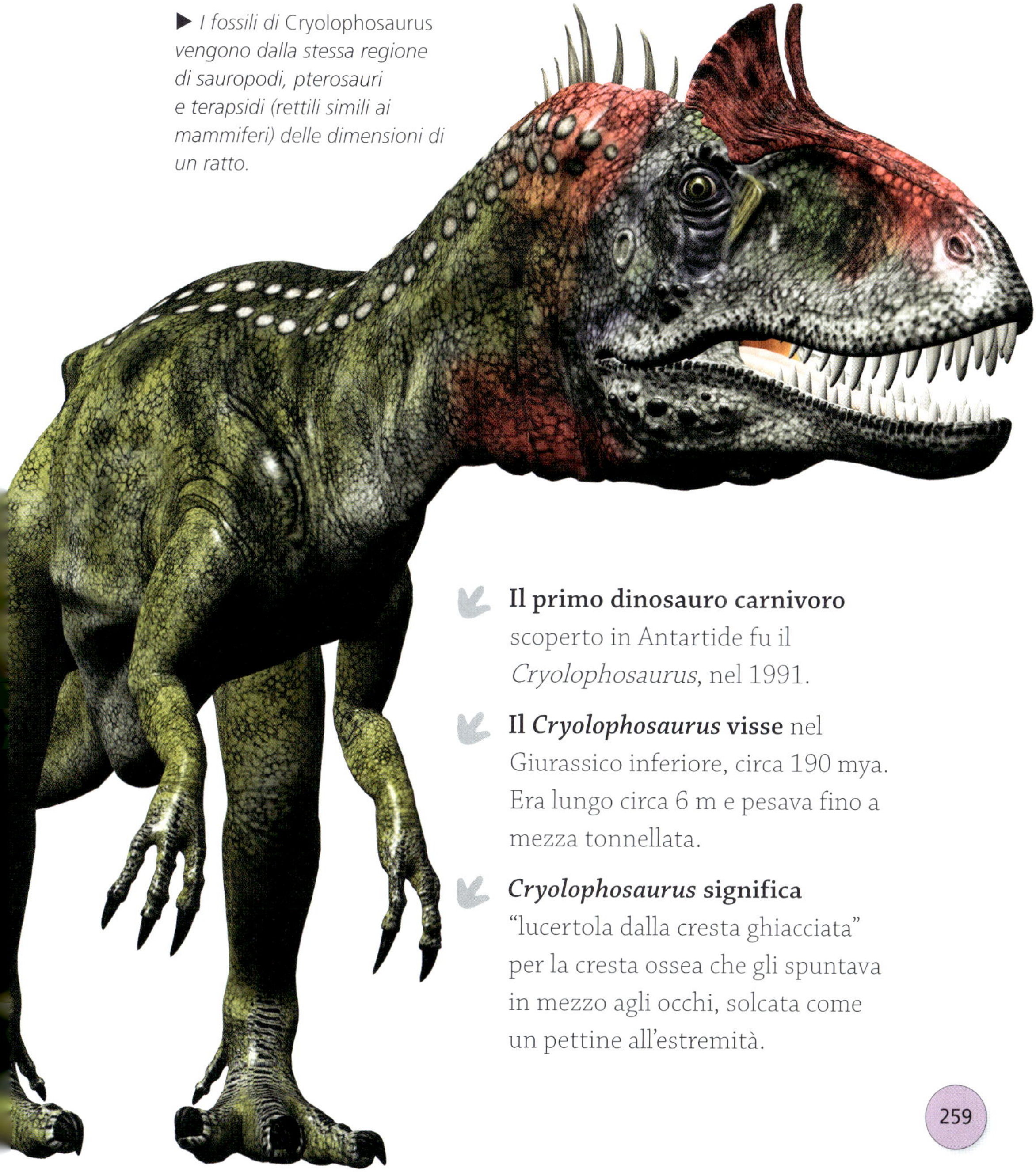

▶ *I fossili di* Cryolophosaurus *vengono dalla stessa regione di sauropodi, pterosauri e terapsidi (rettili simili ai mammiferi) delle dimensioni di un ratto.*

- **Il primo dinosauro carnivoro** scoperto in Antartide fu il *Cryolophosaurus*, nel 1991.
- **Il *Cryolophosaurus* visse** nel Giurassico inferiore, circa 190 mya. Era lungo circa 6 m e pesava fino a mezza tonnellata.
- ***Cryolophosaurus* significa** "lucertola dalla cresta ghiacciata" per la cresta ossea che gli spuntava in mezzo agli occhi, solcata come un pettine all'estremità.

La formazione dei fossili

- **Quasi tutto ciò che sappiamo,** o ipotizziamo, sui dinosauri e altre creature preistoriche viene dai fossili.
- **I fossili sono resti** di antichi esseri viventi che si sono conservati nelle rocce e sono diventati pietra nel corso di milioni di anni.
- **Molti tipi di creature preistoriche** hanno lasciato dei fossili: si tratta di mammiferi, uccelli, lucertole, pesci e insetti, ma anche vegetali come felci e alberi.
- **Nel caso dei dinosauri,** la carne, le viscere e altre parti molli del cadavere sono state probabilmente mangiate da necrofagi oppure si sono decomposte, e quindi raramente sono diventate dei fossili.

▼ *La formazione dei fossili è un processo molto lungo e affidato al caso. Solo un numero esiguo di dinosauri ha lasciato dei resti che si sono conservati grazie alla fossilizzazione. Per via del modo in cui si formano i fossili, i dinosauri morti in acqua o a riva avevano molte più probabilità di fossilizzarsi. È molto raro trovare tutte le parti di un dinosauro disposte come quando era in vita.*

1 Il dinosauro muore e le parti molli vengono mangiate o si decompongono

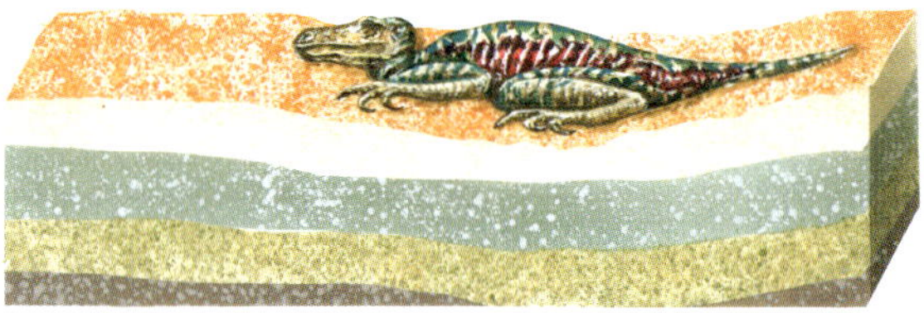

2 Sabbia, fango o altri sedimenti coprono le parti dure, come artigli, denti e ossa

LO SAPEVI?
Le parti dure del corpo di un dinosauro, come denti, ossa, artigli e corna, erano le più adatte alla formazione dei fossili.

- **I fossili si sono formati** quando i resti di un dinosauro sono stati coperti velocemente da sedimenti come sabbia, limo o fango, specialmente in riva a fiumi, laghi, o al mare.
- **La sabbia e i sedimenti** attorno ai resti del dinosauro sono stati gradualmente fatti sprofondare da altri sedimenti: la pressione li ha cementati insieme in una dura massa rocciosa.
- **Quando i sedimenti diventavano** roccia, lo stesso accadeva ai resti intrappolati in essa.
- **Le informazioni sui dinosauri** non vengono solo dai fossili di parti del loro corpo, ma anche dalle cosiddette tracce fossili: queste non erano parti del corpo, ma altri segni della loro presenza.
- **Tracce fossili** includono gusci d'uovo, orme, segni lasciati da artigli e denti, e coproliti (escrementi fossili di dinosauro).

3 Mentre i minerali nelle ossa e altre parti dure diventano roccia, altri strati si sovrappongono

4 L'erosione (disgregazione) degli strati rocciosi superiori espone il fossile, ormai diventato pietra

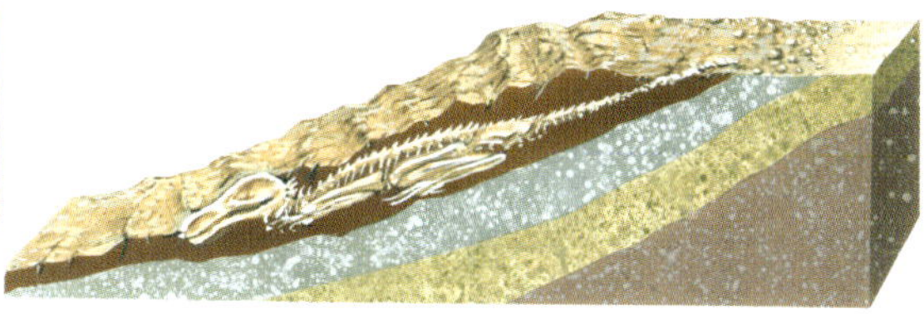

L’epoca dei dinosauri

- **L’epoca dei dinosauri** corrisponde al periodo di tempo che i geologi chiamano era mesozoica, circa 252-66 mya.
- **L’era mesozoica** si divide in tre intervalli di tempo più brevi: il Triassico, il Giurassico e il Cretaceo.
- **È nel Triassico,** 252-201 mya, che i dinosauri iniziarono a evolversi.

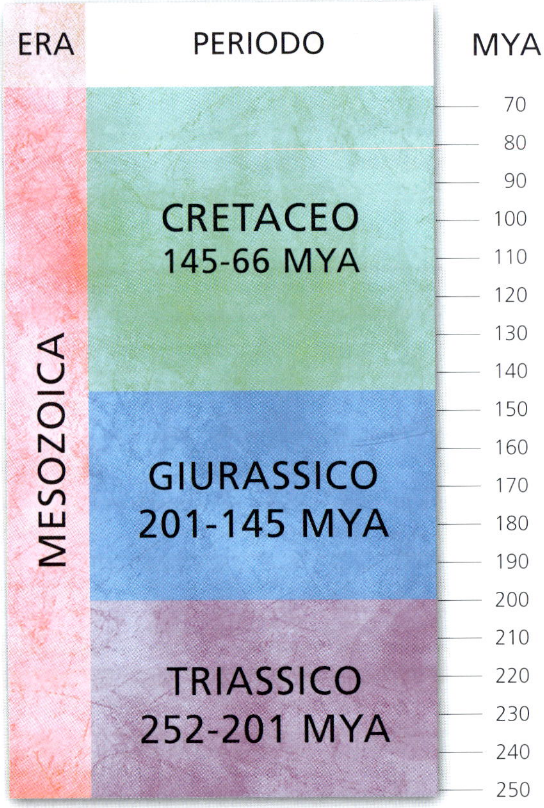

◀ *I dinosauri dominarono la Terra per 185 milioni di anni, più di ogni altro gruppo animale.*

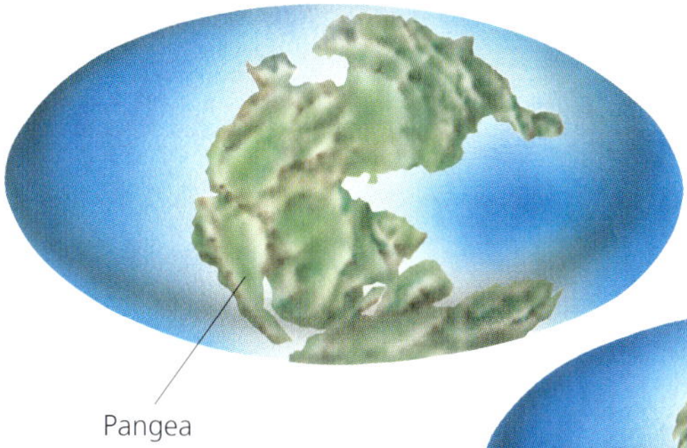

◀ *Circa 200 mya, la Pangea si divise in due grandi continenti chiamati* Laurasia e Gondwana. *I continenti sono tuttora in movimento.*

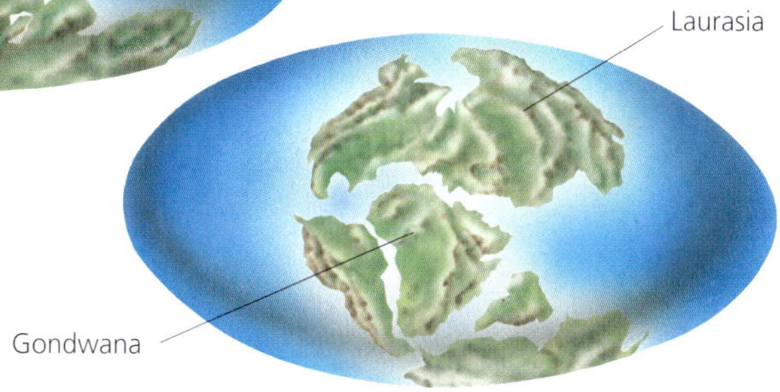

- **Nel Giurassico,** circa 201-145 mya, molti dinosauri raggiunsero le loro dimensioni maggiori.
- **È nel Cretaceo**, circa 145-66 mya, che i dinosauri assunsero le forme più svariate.
- **Nel corso dell'era mesozoica,** così come prima e dopo, le terre emerse del nostro pianeta si muovevano, in base alla teoria conosciuta come "deriva dei continenti".
- **Nel Triassico,** tutti i continenti si unirono in un supercontinente chiamato Pangea.
- **Nel Giurassico,** la Pangea si divise in due grandi blocchi: la Laurasia a nord e il Gondwana a sud.
- **Nel Cretaceo,** la Laurasia e il Gondwana si separarono, originando gli attuali continenti.
- **L'unione e la separazione** dei continenti influì su quali tipi di dinosauri li popolavano.

Gli arcosauri

- **Gli arcosauri erano un grande gruppo** di rettili di cui i dinosauri costituivano un sottogruppo.
- **Altri sottogruppi di arcosauri** erano pterosauri volanti, coccodrilli e uccelli (essendosi questi ultimi evoluti dai dinosauri).
- **Gli pseudosuchi sono i moderni loricati,** così come lo erano i rettili del gruppo meno noto degli ornitosuchi, strettamente imparentati con loro ma ormai estinti.
- **Un ornitosuco simile a un dinosauro** fu l'*Ornithosuchus*, che diede il nome al gruppo.
- **Lungo 4 m,** l'*Ornithosuchus* poteva alzarsi in piedi quasi del tutto, e doveva essere un predatore feroce.
- **Fossili di *Ornithosuchus*** sono stati rinvenuti in Scozia.

▼ L'Ornithosuchus *aveva caratteristiche tipiche dei dinosauri (zampe e cranio), ma anche diverse (bacino e placche dorsali).*

Alcune caratteristiche come la colonna vertebrale, il bacino e i piedi dell'*Ornithosuchus* indicano che non era un dinosauro, ma un arcosauro.

Alcuni esperti affermano che l'*Archosaurus* del Permiano sia stato uno dei primi arcosauri, mentre altri non sono d'accordo.

◀ *I loricati, come questo piccolo, sono testimonianze viventi del grande gruppo di rettili degli arcosauri.*

Le scoperte scientifiche

- **Quando si iniziarono a studiare i fossili** di dinosauro negli anni '20 del 1800, si pensò che appartenessero a enormi lucertole, rinoceronti o balene.
- **Il primo dinosauro** a ricevere un nome ufficiale nel 1824 fu il *Megalosaurus*, grazie all'inglese William Buckland.
- **Fossili di dinosauro** furono trovati e studiati nel 1822 da Gideon Mantell, un medico del Sussex, Inghilterra del sud.
- **Nel 1825,** Mantell chiamò la creatura *Iguanodon*, perché aveva denti simili a quelli di un'iguana, anche se molto più grandi.

- **Alla fine degli anni '30 del 1800,** lo scienziato britannico Richard Owen si accorse che i fossili non erano di lucertola, ma di un gruppo di rettili sconosciuto.
- **Nel 1841-42,** Richard Owen inventò un nuovo nome per questo gruppo di giganteschi rettili preistorici: *Dinosauria*.
- **Il termine *dinosauro*** significa "lucertola/rettile terribile".
- **Modelli in scala 1:1** di molti dinosauri furono scolpiti dal britannico Waterhouse Hawkins tra il 1852 e il 1854.
- **I modelli di Hawkins** furono esposti alla *Crystal Palace Exhibition* di Londra, e suscitarono grande scalpore.

▼ *Il* Megalosaurus *fu il primo dinosauro ad avere un nome scientifico ufficiale, sebbene il termine dinosauro non fosse ancora stato coniato.*

LO SAPEVI?

Negli anni '40 del 1800, i tre dinosauri principali del gruppo Dinosauria erano l'Iguanodon, il carnivoro Megalosaurus e il nodosauride Hylaeosaurus.

I cercatori di fossili

- **Molti dinosauri f**urono trovati negli USA negli anni '70-'90 del 1800 da Othniel Charles Marsh ed Edward Drinker Cope.
- **Marsh e Cope** erano grandi rivali: ognuno di loro cercava di trovare i fossili migliori, più grandi e più numerosi.
- **Tra il 1877 e il 1897,** Cope e Marsh scoprirono e descrissero oltre 130 nuovi tipi di dinosauri.
- **Joseph Tyrrell** scoprì dei fossili di *Albertosaurus* nel 1884, in una regione diventata molto famosa per i ritrovamenti: l'area del fiume Red Deer ad Alberta, in Canada.
- **Lawrence Lambe** trovò molti fossili di dinosauro in America settentrionale, come il *Centrosaurus* nel 1904.
- **Gli studiosi tedeschi** Werner Janensch ed Edwin Hennig guidarono le spedizioni del 1908-12 in Africa orientale e scoprirono il *Giraffatitan* e il *Kentrosaurus*.
- **A partire dal 1933,** Yang Zhongjian (C.C. Young) guidò molte spedizioni alla ricerca di fossili in Cina.
- L'argentino **José Bonaparte** trovò molti fossili nella sua regione, tra cui il *Carnotaurus* nel 1985.
- **Paul Sereno** dell'Università di Chicago scoprì e identificò enormi dinosauri e coccodrilli in America e Africa.

LO SAPEVI?

Uno dei primi grandi cercatori di fossili negli USA fu Joseph Leidy, che trovò il Troodon nel 1856.

◀ ▼ *La rivalità tra Othniel Charles Marsh ed Edward Drinker Cope sfociò nella "Guerra delle ossa". Si dice che questa iniziò quando Marsh fece notare un errore di Cope nella ricostruzione di uno scheletro di plesiosauro. Cope non glielo perdonò mai, ma lo screzio portò alla scoperta di oltre 140 nuove specie di dinosauro.*

Edward Drinker Cope
(1840–97)

Othniel Charles Marsh
(1831–99)

Nomi di dinosauro - Parte 1

- **Ogni dinosauro** ha un nome scientifico che deriva solitamente da nomi di luoghi o di persone scritti in greco o in latino e in *corsivo*.
- **Molti nomi di dinosauro** terminano in *-saurus*, che per alcuni scienziati significa "rettile" e per altri "lucertola" (anche se i dinosauri non erano lucertole).
- **l nome rispecchia spesso** una caratteristica unica. *Baryonyx*, per esempio, significa "artiglio pesante", a causa del possente artiglio del pollice.
- **Molti nomi di dinosauro** sono veri scioglilingua, come *Opisthocoelicaudia*. Il nome significa "coda cava all'indietro" e fa riferimento alle articolazioni tra le vertebre nella coda del dinosauro.
- **Il nome di alcuni dinosauri** deriva dal luogo di ritrovamento. *Minmi* è stato rinvenuto vicino a Minmi Crossing, nel Queensland (Australia).
- **I veloci dinosauri struzzo** sono stati chiamati ornitomimosauri, o "lucertole imitatrici di uccelli".

▶ *Nel 1988, un esemplare quasi completo del carnivoro* Herrerasaurus *fu estratto in Argentina. Fu chiamato così in onore di Victorino Herrera, il contadino che lo scoprì.*

LO SAPEVI?

Il nome di alcuni gruppi di dinosauri viene dal primo esemplare scoperto o da quello più importante, come per i tirannosauridi e gli stegosauri.

Nomi di dinosauro - Parte 2

- **Oltre 150 tipi di dinosauri** sono stati chiamati come le persone che hanno scoperto i loro fossili, li hanno estratti o hanno ricostruito il dinosauro.
- **Il grande adrosauride** *Lambeosaurus* si chiama così in onore dello studioso canadese Lawrence Lambe.
- **Lambe lavorò soprattutto** agli inizi del 1900 e chiamò una delle sue scoperte *Stephanosaurus.*
- **Negli anni '20,** lo *Stephanosaurus* e il *Didanodon* furono chiamati *Lambeosaurus,* in onore del lavoro di Lambe.
- **Il nome completo** del carnivoro *Baryonyx* dall'artiglio pesante è *Baryonyx walkeri,* in onore di Bill Walker, che scoprì l'enorme artiglio.
- **Il cercatore di fossili amatoriale** Bill Walker trovò l'artiglio in una cava d'argilla nel Surrey, in Inghilterra.

◀ *Il primo fossile trovato di* Baryonyx *fu il suo enorme artiglio.*

▶ Alectrosaurus *significa "lucertola solitaria". Visse 80-75 mya in Asia centrale.*

- **Alcuni nomi di dinosauro** sono molto tecnici, come *Diplodocus*, che significa "doppia sbarra", per la presenza di due ossa allungate nella coda simili a un paio di sci.
- **L'erbivoro *Othnielia***, lungo 4 m, si chiama così in onore del cercatore di fossili ottocentesco Othniel Charles Marsh.
- **Il *Parksosaurus*,** un erbivoro lungo 2,5 m, è stato chiamato così in onore dello studioso canadese William Parks.

LO SAPEVI?
Uno dei nomi di dinosauro più corti è Kol, un minuscolo carnivoro di cui si è trovato solo un piede fossile.

Le ricostruzioni

- **Dinosauri fossili completi** di pelle, muscoli, organi interni e altre parti del corpo molli non sono mai stati trovati.
- **Molti dinosauri sono stati ricostruiti** dai fossili di denti, ossa, corna e artigli.
- **La stragrande maggioranza** si conosce solo grazie a qualche resto fossile, come numerosi frammenti di ossa.
- **Parti fossili** di altri dinosauri simili vengono spesso usate nelle ricostruzioni per supplire alla mancanza di ossa, denti o addirittura teste, arti e code.
- **Parti del corpo molli** di rettili moderni, come lucertole, si usano come guida nella ricostruzione dei muscoli e delle viscere di un dinosauro.
- **In rare occasioni** si trovano resti di dinosauro che si sono seccati in fretta, con alcune parti che si sono conservate come fossili mummificati.
- **Uno dei più famosi** tra i fossili di dinosauro meglio conservati è il *Brachylophosaurus,* un adrosauride di 9 m vissuto circa 75 mya.

▶ *Questo scheletro fossile dell'*Euoplocephalus *è stato ricostruito inserendo all'interno le parti molli, i muscoli, e poi la pelle coperta di squame e corna.*

- **Soprannominato "Elvis",** questo straordinario fossile fu scoperto in Montana nel 1994 dal cercatore di fossili Nate Murphy.
- **Nel 2000, Murphy** trovò un *Brachylophosaurus* ancora meglio conservato, che fu chiamato "Leonardo".

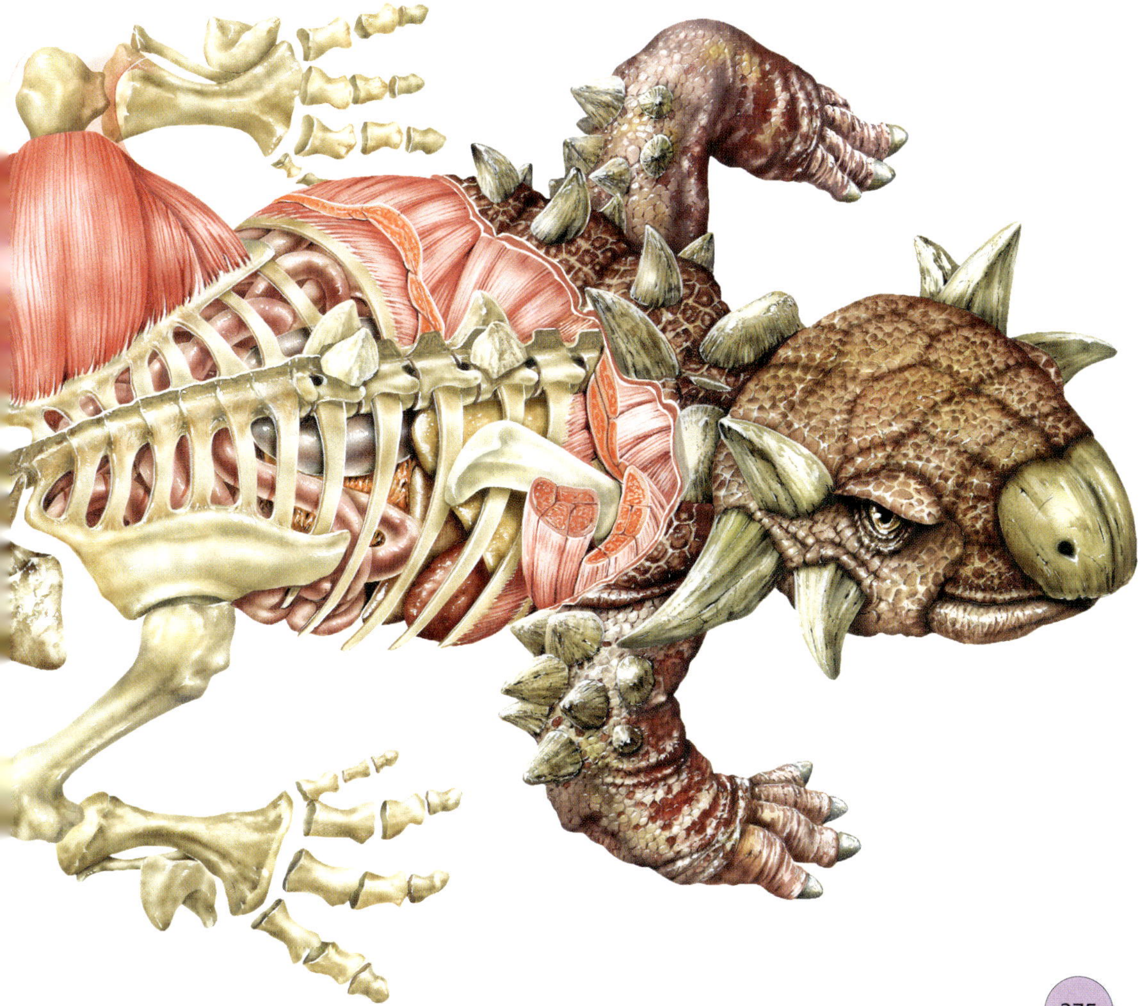

I mammiferi

Fossili di uccelli

- **Ci sono molti meno fossili di uccelli** che di altri animali, perché gli uccelli hanno scheletri molto delicati.
- **Alcune specie** di uccelli preistorici si conoscono solo grazie all'impronta fossile di una piuma o a un'orma fossilizzata.
- **Uno dei più famosi** uccelli fossili è l'*Archaeopteryx*, scoperto a Solnhofen, in Germania, nel 1861.
- **Fanghi ricchi di calce** formarono lentamente i calcari di Solnhofen. Questo processo ci ha restituito un *Archaeopteryx* di cui è possibile ammirare dettagli come il contorno delle piume.
- **Altri giacimenti fossiliferi di uccelli** sono il Niobrara Chalk in Kansas e le rocce sedimentarie in Utah e Wyoming.
- **Il giacimento fossilifero** di Messel in Germania contiene scheletri di uccelli ormai estinti e di altri simili a fenicotteri, rondoni, rapaci notturni e succiacapre.
- **I fossili di uccelli di Messel** risalgono a circa 47 mya, e quindi al Paleogene medio.

LO SAPEVI?

Una delle uova fossili ritrovate apparteneva a un uccello elefante estinto, l'Aepyornis. L'uovo era enorme: poteva contenere 8,5 litri di liquido.

- **I fossili di fenicottero** di Messel indicano che gli odierni fenicotteri sono imparentati con limicoli come le avocette, che hanno uno scheletro imile, e non con anatre e cicogne.
- **Le ossa degli uccelli,** a differenza di molti rettili preistorici, sono cave: questa peculiarità permette un'identificazione veloce.

▲ *I fossili di* Archaeopteryx *sono tra i più famosi: si possono distinguere le piume dell'uccello, le dita artigliate, il becco pieno di denti e la lunga coda.*

Gli uccelli del terrore

- **Dopo l'estinzione dei grandi dinosauri** (circa 66 mya), enormi uccelli non volatori, noti come "uccelli del terrore", diventarono i predatori dominanti dell'epoca.
- **Il *Gastornis*** era un uccello del terrore. Con una testa enorme e zampe robuste come quelle dei suoi antenati dinosauri, correva più veloce delle sue prede.
- **Alcuni esperti ritengono** che il *Gastornis* fosse un lontano parente di anatre, oche e altri uccelli simili.
- **Nonostante questi uccelli** fossero enormi, erano agili e dei veloci corridori. Questo perché, come tutti gli uccelli, avevano ossa cave.
- **Gli uccelli del terrore** si nutrivano di mammiferi di piccola e media taglia, come roditori e cavalli preistorici.
- **Durante l'Eocene superiore** e l'Oligocene (40-23 mya), i grandi mammiferi carnivori diventarono cacciatori più bravi e più forti, assumendo il ruolo di predatori dominanti.
- **Tuttavia, in America meridionale,** rimasta isolata dall'America settentrionale e dal resto del mondo per gran parte degli ultimi 66 milioni di anni, gli uccelli del terrore continuarono a dominare per più tempo.
- **Un uccello del terrore dell'America meridionale** fu il *Phorusrhacos*, alto fino a 2,5 m.
- **Il *Titanis*** fu uno dei pochi uccelli del terrore dell'America settentrionale, e uno dei più grandi di tutti: era alto 2,5 m e pesava 150 kg!

Il Gastornis *attacca un piccolo mammifero della sua epoca, il* Leptictidium.

LO SAPEVI?

Il Gastornis fu chiamato così nel 1855 in onore di Gaston Planté, un cercatore di fossili e un fisico che quattro anni dopo inventò la batteria al piombo-acido usata nelle auto.

Altri uccelli non volatori

- **Molti uccelli preistorici non volatori** erano giganti, ma non tutti erano uccelli del terrore.
- **Gli uccelli giganti** raggiunsero dimensioni incredibili. Il *Dinornis*, per esempio, con i suoi 3,5 m, fu il più alto in assoluto.
- **Il *Dinornis* visse** in Nuova Zelanda. Apparve circa 2 mya ed esisteva ancora circa 500 anni fa!
- **Il *Dinornis* faceva parte** del gruppo di uccelli dei moa. In diversi periodi, otto o nove diverse specie di moa popolavano probabilmente le due isole principali della Nuova Zelanda.
- **Le specie più grandi di *Dinornis*** erano i moa giganti, estremamente pesanti: a volte superavano i 200 kg!
- **I moa scomparvero** subito dopo l'arrivo degli esseri umani in Nuova Zelanda, ed erano probabilmente già tutti estinti alla fine del 1400.
- **Un altro gruppo** di enormi uccelli non volatori visse sull'isola del Madagascar: erano gli uccelli elefante.

LO SAPEVI?

Secondo studi genetici, il parente più stretto dei moa ancora in vita sarebbe lo struzzo africano.

- **Con i suoi 450 kg,** il gigantesco uccello elefante *Aepyornis* sarebbe l'uccello più pesante mai esistito. Come i moa, gli uccelli elefante si estinsero circa 500 anni fa.
- **Sia il *Dinornis* che l'*Aepyornis*** erano erbivori. La loro dieta si basava su semi e frutti.

◀ *In Madagascar, grazie all'assenza di grandi mammiferi che pascolavano o brucavano, gli uccelli elefante diventarono i più grandi erbivori terrestri.*

Gli uccelli acquatici

- **L'*Ichthyornis* era un gabbiano preistorico** che fece la sua comparsa nel Cretaceo superiore (100-66 mya).
- **Era simile per dimensioni** a un gabbiano moderno, ma aveva una testa molto più grande e un becco pieno di denti aguzzi.
- **Il *Presbyornis* era imparentato** con le anatre moderne. Come l'*Ichthyornis*, apparve nel Cretaceo superiore e si diffuse nel Paleogene inferiore (66-40 mya).
- **Il *Presbyornis* era molto più grande** di un'anatra moderna: era alto tra 0,5 m e un metro.
- **Aveva zampe molto più lunghe** dei suoi parenti di oggi: sotto questo aspetto, era più simile ai limicoli che alle anatre.
- **Il *Presbyornis* viveva in grandi stormi** sulle rive dei laghi, come i fenicotteri di oggi.
- **L'*Osteodontornis* era un uccello volatore enorme,** con un'apertura alare di 6 m.
- **Visse nel Miocene** (23-5 mya), sorvolando l'Oceano Pacifico settentrionale.
- **L'*Osteodontornis* aveva un becco lungo,** pieno di aculei ossei simili a denti. Si cibava prevalentemente di calamari che catturava in mare.

▶ L'Osteodontornis *faceva parte del gruppo dei pelagornitidi, che non avevano denti veri e propri, ma piccole proiezioni ossee che spuntavano dalle ossa mandibolari.*

LO SAPEVI?

Il cranio del Presbyornis somiglia molto a quello della moderna anatra australiana Stictonetta.

Gli uccelli terrestri

- **Gli uccelli terrestri sono volatori** che, a differenza degli uccelli acquatici, sorvolano la terra, dove cacciano e si nutrono.
- **I fossili di uccelli terrestri preistorici** sono rari, perché avevano ossa leggere e poco adatte alla fossilizzazione.
- **Di conseguenza,** i paleontologi hanno grosse lacune sull'evoluzione di molte specie di uccelli. Tuttavia, ci sono alcuni uccelli terrestri preistorici di cui si sa qualcosa.
- **L'*Archaeopsittacus* era un pappagallo preistorico** dell'Oligocene superiore (28-23 mya) che visse nell'odierna Francia.
- **L'*Ogygoptynx*** fu uno dei primi rapaci notturni conosciuti. Visse nel Paleocene (66-56 mya).
- **L'*Aegialornis* era un uccello primitivo** simile a un rondone. Visse nell'Eocene e nell'Oligocene (56-23 mya) e potrebbe essere un antenato di rondoni e colibrì.
- **Il *Gallinuloides* fu uno dei primi membri** della famiglia dei polli. I fossili sono stati rinvenuti in Wyoming, USA, in strati rocciosi dell'Eocene (56-33 mya).
- **I primi avvoltoi conosciuti** vissero nel Paleocene (66-56 mya).
- **I primi rapaci diurni,** gru, otarde, cuculi e passeri conosciuti vissero nell'Eocene.

▶ *Gli avvoltoi sono dei necrofagi da oltre... 50 milioni di anni!*

LO SAPEVI?

Il Neocathartes era simile a un avvoltoio. Ci sono somiglianze tra il suo scheletro e quello delle cicogne, per cui si pensa che i due uccelli siano strettamente imparentati.

Fossili di mammiferi

◀ *È ancora visibile la pelliccia sulle zampe di "Dima", il fossile ben conservato di un piccolo di mammut.*

- **Fossili** di mammiferi preistorici includono crani, denti, ossa di mascelle e orecchie, corna, zanne e palchi.
- **Ci sono pochi fossili** dei primissimi mammiferi, perché i necrofagi si cibavano delle loro carogne.
- **I coproliti** (escrementi fossili) di predatori e necrofagi contengono a volte dei resti non digeriti di mammiferi primitivi, per esempio i denti.
- **I paleontologi possono ricavare** molte informazioni dai molari di un mammifero: la loro struttura e i solchi sulla superficie permettono di stabilire la specie e il periodo in cui è vissuto.
- **I paleontologi possono anche stimare** l'età a cui un mammifero è deceduto in base al logorio dei denti.
- **Alcuni fossili di mammiferi** sono stati conservati in pozze naturali di catrame denso e appiccicoso che emergono dal terreno in zone come foreste e boscaglie.
- **Le pozze di catrame** a **Rancho La Brea**, vicino a Los Angeles, USA, contenevano uno scheletro perfettamente conservato del carnivoro dai denti a sciabola *Smilodon*.

▲ *Questo enorme cranio di mammut è stato trovato nel Dakota del Sud, USA. In Siberia, i paleontologi hanno scoperto resti di pelle, peli e altre parti del corpo di mammut.*

- **Il congelamento è un altro metodo** di conservazione efficace. Resti di mammut congelati sono stati rinvenuti in condizioni quasi perfette in Siberia.
- **Furono degli esploratori** con slitte trainate da cani a scoprire i primi mammut congelati. Erano così ben conservati che i cani riuscirono a mangiarne la carne sulle ossa.
- **Nel 1977 fu scoperto un mammut quasi completo.** Il piccolo di mammut congelato risalente a 40.000 anni fa fu chiamato "Dima".

La prole dei mammiferi

- **I mammiferi svilupparono un modo del tutto diverso** di procreare rispetto a rettili e uccelli, che deponevano le uova.
- **Gran parte dei mammiferi** sono vivipari: partoriscono cioè piccoli vivi.
- **Un singolare gruppo di mammiferi,** i monotremi, si sottrae alla regola e depone le uova. Rimangono oggi cinque specie di monotremi: l'ornitorinco e quattro specie di echidne.
- **Dopo la nascita dei piccoli mammiferi,** la madre li nutre con il latte prodotto dalle ghiandole mammarie.
- **Il termine *mammifero*** deriva dalla presenza nel corpo delle femmine di ghiandole mammarie, che secernono latte.
- **I primi mammiferi,** come il *Megazostrodon*, l'*Eozostrodon* e il *Morganucodon*, avevano denti da latte: è probabile che i piccoli si nutrissero di latte.
- **I denti da latte** sono temporanei e crescono grazie alle sostanze nutritive fornite dal latte, preparando la mascella ai denti successivi.
- **I mammiferi possono essere divisi** in tre gruppi, a seconda di come allevano i piccoli: placentati, marsupiali e monotremi.
- **Nei mammiferi placentati,** la prole cresce all'interno del corpo materno, nel ventre, finché il piccolo non si è completamente sviluppato e nasce.
- **I mammiferi marsupiali** partoriscono la prole molto prima. Le piccole creature si sviluppano poi completamente nella tasca addominale della madre, chiamata marsupio.

▼ *Nei mammiferi sono le mamme a occuparsi della prole, come nel caso del* Toxodon, *vissuto in America meridionale 20.000 anni fa.*

I primi mammiferi

- Il ***Megazostrodon*** fu uno dei primi veri mammiferi. Apparve all'inizio del Giurassico inferiore (circa 200 mya).
- **Questo insettivoro simile a un toporagno** era lungo circa 12 cm. Aveva un corpo allungato che teneva in posizione orizzontale e arti affusolati lungo i fianchi, in posizione accovacciata.
- **L'*Eozostrodon*** fu un altro dei primissimi mammiferi, apparso all'incirca nello stesso periodo del *Megazostrodon*.
- **Aveva denti da mammifero,** tra cui due diversi tipi di denti masticatori, premolari e molari, che sostituiva solo una volta nell'arco della vita.
- **I denti aguzzi** suggeriscono che fosse un carnivoro, e i grandi occhi che fosse un cacciatore notturno.
- **Un altro mammifero primitivo** era il *Morganucodon*. Aveva anch'esso premolari e molari per masticare il cibo con un movimento circolare, e non su e giù come i rettili.
- **Il *Sinoconodon*** era un altro mammifero primitivo vissuto nel Giurassico inferiore, circa 190 mya. Era probabilmente coperto di pelliccia.
- **Questi mammiferi primitivi** avevano tre ossa nell'orecchio medio, e quindi un udito più sviluppato rispetto ai rettili.
- **Erano anche dotati di vibrisse,** e quindi probabilmente di pelliccia. Questo indica che erano a sangue caldo.
- **Tutti i mammiferi** sono a sangue caldo: mantengono cioè una temperatura corporea costante. La pelliccia li aiuta a scaldarsi quando fa freddo.

▼ *Il* Leptictidium *è tra i fossili di mammifero meglio conservati. Viene dal giacimento tedesco di Messel, e risale a 45 mya.*

I marsupiali

- **I marsupiali sono mammiferi** che partoriscono i piccoli a uno stadio molto iniziale del loro sviluppo, quando sono ancora minuscoli.
- **Una volta nato,** il piccolo si fa strada tra la pelliccia della madre verso una tasca detta *marsupio*, dove rimane, nutrendosi di latte, finché non è grande abbastanza per uscirne.
- **I paleontologi ritengono** che i primi marsupiali siano apparsi in Asia e si siano poi diffusi in America e Australia.
- **Uno dei primi marsupiali,** l'*Alphadon*, che significa "primo dente", comparve circa 70 mya e visse in America settentrionale.
- **L'*Alphadon* era lungo 30 cm** e pesava 300 g. Si pensa vivesse sugli alberi, dove si arrampicava con i piedi. Si nutriva di insetti, frutti e piccoli vertebrati.
- **Quando l'Australia si isolò** dal resto del mondo, circa 40 mya, i suoi marsupiali continuarono a evolvere. In molte altre regioni del mondo invece scomparvero.
- **I marsupiali continuarono** a prosperare in America meridionale, anch'essa isolata dal resto del mondo per gran parte degli ultimi 66 milioni di anni, durante il Paleogene e il Neogene.
- **Quando l'America meridionale** si ricongiunse all'America settentrionale, a partire da circa 4 mya, l'arrivo dei mammiferi placentati dal nord portò all'estinzione dei marsupiali.
- **Oggi esistono solo due gruppi** di marsupiali nelle Americhe: gli *opossum*, diffusi in tutta l'America settentrionale, e gli *opossum toporagno*, che si trovano in America meridionale.

In Australia vivono oggi molti marsupiali, tra cui i canguri e i koala. Tuttavia, questi animali erano molto più diffusi nel Paleogene e nel Neogene, come dimostra il giacimento fossilifero di Riversleigh nel nord-ovest del Queensland.

▼ *Il* Thylacoleo, *o "leone marsupiale", era simile all'odierno puma o leone di montagna, ma aveva enormi artigli ricurvi sui pollici. I suoi resti sono stati rinvenuti in Australia.*

I mammiferi australiani

- **L'Australia ha una storia naturale unica,** perché è rimasta isolata dal resto del mondo circa 40 mya.
- **I mammiferi autoctoni australiani,** vivi ed estinti, sono perlopiù marsupiali: i piccoli, partoriti precocemente, finiscono di svilupparsi nella tasca esterna della madre.
- **I primissimi marsupiali australiani** risalgono all'Oligocene (34-23 mya). Molti fossili sono del Miocene (23-5 mya) o di periodi successivi.
- **Questi fossili dimostrano** l'esistenza di canguri giganti come il *Procoptodon* e di vombati giganti come il *Diprotodon*.
- **Due marsupiali carnivori** si nutrivano di questi giganteschi erbivori: il leone marsupiale *Thylacoleo*, e il *Thylacinus*, più piccolo e simile a un lupo.
- **I paleontologi** sono molto interessati al *Thylacoleo* e al *Thylacinus* perché dimostrano come specie diverse possano evolversi fino a somigliarsi: un processo chiamato *convergenza evolutiva*.
- **Nonostante avessero antenati diversi** e vivessero in continenti diversi, il *Thylacoleo* iniziò ad assomigliare a un leone placentato e il *Thylacinus* a un lupo placentato.
- **Il giacimento del Miocene** di Riversleigh, nel Queensland del nord, ha rivelato la quantità e la varietà di marsupiali preistorici in Australia.

- **Sono stati trovati molti fossili** di marsupiali estinti. Lo *Yalkaparidon* era talmente insolito che i paleontologi lo chiamarono in inglese *thingodonta*, cioè "cosodonte".
- **Il *Thylacinus* continuò** a esistere in Australia nel 1900 come tilacino. L'ultimo esemplare morì in uno zoo della Tasmania nel 1936.

◀ *Il gigantesco vombato* Diprotodon, *lungo 3 m, pare sia stato il marsupiale più grande in assoluto. I denti anteriori erano delle zanne, e aveva molari simili a quelli di un canguro.*

I mammiferi sudamericani

- **L'America meridionale rimase separata** dal resto del mondo per gran parte degli ultimi 60 milioni di anni.
- **Come per l'Australia,** l'isolamento dell'America portò alcuni mammiferi a evolversi solo lì.
- **La principale differenza** era che in America meridionale c'erano sia mammiferi placentati che marsupiali.
- **I mammiferi placentati** includevano bradipi terricoli giganti come il *Megatherium* ed enormi roditori grandi quanto orsi.
- **I mammiferi marsupiali** includevano carnivori marsupiali come il *Thylacosmilus*.
- **La convergenza evolutiva**, quando specie diverse sviluppano delle somiglianze, interessò sia l'America meridionale che l'Australia. Per esempio, il *Thoatherium* somigliava molto ai cavalli di piccola taglia che si stavano evolvendo in altre parti del mondo.
- **La formazione** della lingua di terra chiamata Istmo di Panama ricongiunse le due Americhe circa 4 mya.

LO SAPEVI?

Un buon esempio di convergenza evolutiva era il Pyrotherium, che aveva la proboscide, i molari e le zanne degli elefanti primitivi, ma apparteneva a un gruppo differente.

- **Molti mammiferi sudamericani** si spostarono a nord. Alcuni, come armadilli, istrici e porcellini d'India, prosperarono nel nuovo ambiente.
- **Altri, come i gliptodonti,** andarono incontro all'estinzione, probabilmente a causa dei cambiamenti climatici o perché prede degli esseri umani.

▼ *Il mammifero ungulato sudamericano* Macrauchenia *usava la corta proboscide per raccogliere la vegetazione. Visse dai 6 mya a 30.000 anni fa.*

I creodonti

- **I creodonti furono i primi** grandi mammiferi carnivori. Vissero dal Paleocene al Miocene (circa 50-10 mya).
- **Questi mammiferi** erano di varie forme e dimensioni. Alcuni erano piccoli come donnole, altri erano grandi come orsi.
- **Molti creodonti** avevano i piedi piatti e arti corti e tozzi che terminavano con artigli.
- **Cacciavano erbivori primitivi** che, come questi carnivori primitivi, non erano ancora dei gran corridori.
- **I creodonti avevano un cervello più piccolo** e primitivo dei carnivori successivi, che erano cacciatori più intelligenti e veloci, e li rimpiazzarono in fretta.
- **Un altro aspetto** per cui i creodonti ebbero meno fortuna dei carnivori era la dentatura, meno efficiente per mordere o tranciare la carne.
- **I creodonti furono comunque** i maggiori predatori dell'epoca. Lo *Hyaenodon*, grande quanto un lupo, era particolarmente diffuso.

LO SAPEVI?

Le specie di Hyaenodon variavano per dimensioni: dai 30 cm di altezza alla spalla a 1,2 m, quanto un piccolo rinoceronte.

- **Crani fossili di *Hyaenodon*** mostrano che avevano un olfatto molto sviluppato e mascelle possenti capaci di frantumare le ossa.
- **Denti fossili di maschi di *Hyaenodon*** presentano delle intaccature: i paleontologi pensano che digrignassero i denti per allontanare i rivali, come fanno alcuni animali oggi.

▲ *Fossili di* Hyaenodon *sono stati rinvenuti in molte regioni in Europa, Asia, Africa e America settentrionale.*

I carnivori

- **I primi mammiferi carnivori** furono creodonti come l'*Oxyaena*, grande come un gatto, e il *Mesonyx*, grande quanto un lupo.
- **Nell'Eocene superiore** (circa 40 mya), iniziarono a comparire grandi carnivori ungulati, come l'*Andrewsarchus*.
- **I carnivori moderni discendono** da un gruppo differente, quello dei miacidi.
- **I carnivori moderni appartengono** all'ordine *Carnivora*, con due sottordini: i feliformi, tra cui i gatti, e i caniformi, tra cui la famiglia dei cani e i pinnipedi (foche, leoni marini e trichechi). Secondo alcune classificazioni, i pinnipedi sarebbero un gruppo di mammiferi a se stante, separato dagli altri carnivori.
- **Nell'Oligocene** (34-23 mya), i carnivori iniziarono a rimpiazzare i creodonti e diventarono i carnivori dominanti.
- **I carnivori erano più furbi,** svelti e letali dei creodonti, ed erano gli unici predatori in grado di catturare i nuovi e più scattanti erbivori.

LO SAPEVI?

Il pinnipede Allodesmus era una foca preistorica. Aveva le pinne, grandi occhi e denti appuntiti che usava per infilzare i pesci.

- **Mammiferi più veloci** si diffusero nell'Oligocene, quando le fitte foreste diventarono zone boschive aperte dove era più facile rincorrere le prede e anche fuggire.

- **Evolvendosi, i carnivori** svilupparono cervelli più grandi, sensi più acuti, artigli e denti più affilati, mascelle e arti più robusti.
- **I pinnipedi** sono mammiferi carnivori che, come le balene e i delfini (e, prima di loro, i rettili), sono tornati a vivere in mare.

▼ *L'*Andrewsarchus *è conosciuto solo per un cranio fossile. Doveva essere un animale enorme: lungo 3,5 m e alto alla spalla 1,7 m, pesava circa una tonnellata.*

I gatti

- **I carnivori più avanzati** sono i gatti. Sono i cacciatori più veloci, i più agili, e con artigli e denti più affilati.
- **I gatti si sono evoluti** seguendo due linee. Un gruppo ormai estinto includeva vari tipi di tigri dai denti a sciabola, come lo *Smilodon*.
- **Le tigri dai denti a sciabola** erano specializzate nella caccia di grossi animali dalla pelle spessa: ecco il motivo dei lunghi canini.
- **L'altro gruppo** di gatti è quello dei felini, cioè gli antenati di tutti i gatti moderni, come leoni, ghepardi e gatti domestici.

▼ *Il* Dinofelis *era un predatore grosso e muscoloso con canini relativamente corti per essere una tigre dai denti a sciabola.*

- **I felini erano più veloci** e agili delle tigri dai denti a sciabola, che potrebbero essersi estinte perché le loro prede erano diventate più rapide nella fuga. Ad ogni modo, i felini continuarono a prosperare nella caccia.
- **Un felino preistorico** fu il *Dinictis*, un gatto grande quanto un puma che visse nell'Oligocene (37-23 mya).
- **I felini successivi** furono vari tipi di *Dinofelis*, che vissero tra i 5 e 1,3 mya in America settentrionale, Europa, Africa e Asia.
- **Dinofelis** significa "gatto terribile". Aveva l'aspetto di un moderno giaguaro, ma con zampe anteriori più forti che usava per bloccare le sue vittime prima di azzannarle.
- **La dieta del Dinofelis** includeva babbuini, antilopi e forse australopitecine (gli antenati degli esseri umani).

LO SAPEVI?

L'abilità dei gatti preistorici di sfoderare e ritrarre gli artigli forniva loro una delle armi più letali, che i gatti odierni hanno conservato.

I cani

- **I cani primitivi cacciavano** probabilmente come i cani selvatici di oggi, e cioè in branco.
- **I cani svilupparono** un muso lungo, e quindi un eccellente olfatto, e occhi che puntavano davanti a sé per un'ottima vista.

- **I cani svilupparono anche** una varietà di denti: canini aguzzi per azzannare, molari stretti per lacerare e, nella parte posteriore della bocca, denti più piatti per frantumare.
- **Questi diversi tipi di denti** permettevano ai cani di mangiare una varietà di cibi, tra cui le piante, a cui potevano ricorrere in caso di scarsa disponibilità di carne.
- **Un antenato dei cani,** e anche degli orsi, fu il cane-orso *Amphicyon*. Il nome significa "cane ambiguo".
- **L'*Amphicyon* visse** tra i 20 e i 10 mya.
- **Tracce fossili** di orme di *Amphicyon* dimostrano che camminava come un cane, con i piedi piatti sul terreno.
- **L'*Hesperocyon*** fu uno dei primissimi cani, e visse tra i 40 e i 30 mya.
- **L'*Hesperocyon*** sembrava una piccola volpe: zampe e mascelle lunghe, occhi puntati davanti a sé e un corpo agile e snello.

LO SAPEVI?

La caccia in branco permetteva all'Hesperocyon di catturare grandi animali che non riusciva a uccidere da solo.

▶ *In America settentrionale, un capobranco o maschio alfa di* Hesperocyon *affronta un parente estinto del cervo, il* Synthetoceras.

Gli erbivori

- **I primi erbivori specializzati** apparvero nel Paleocene superiore (circa 60 mya).
- **Potevano essere grandi** come un odierno tasso o come un maiale.
- **Questi primi erbivori** si nutrivano di radici o vegetali che trovavano al suolo oppure brucavano il fogliame tra i rami.
- **L'evoluzione** dei primi grandi erbivori si ebbe solo verso la fine del Paleocene (56 mya).
- **I grandi erbivori** apparvero prima dei grandi carnivori. Devono aver vissuto una vita tranquilla, almeno agli inizi.
- ***L'Uintatherium*** fu uno dei primi grandi erbivori. Aveva le dimensioni di un grande rinoceronte, con arti robusti per reggere il corpo pesante.
- ***L'Uintatherium* aveva tre paia** di protuberanze ossee sulla testa. I maschi avevano canini lunghi e forti con cui si difendevano se attaccati da creodonti carnivori.
- **La diffusione di praterie** al posto delle foreste nel Miocene (23-5 mya) portò a rapidi cambiamenti nel corpo degli erbivori.
- **Gli erbivori svilupparono** zampe più veloci per fuggire dai carnivori negli spazi aperti e un apparato digerente migliore per gestire l'erba più dura.
- **I requisiti più importanti** in un erbivoro sono denti complessi e un apparato digerente in grado di scomporre i vegetali e trasformarli in energia.

▼ L'Elasmotherium *era un rinoceronte enorme, grande quanto un elefante di oggi. Visse 2-1 mya in Europa e Asia.*

I roditori

- **Per quantità,** varietà e distribuzione, i roditori sono i mammiferi che hanno avuto maggior successo in assoluto.
- **Scoiattoli, ratti, porcellini d'India,** castori, istrici, arvicole, gopher e topi sono tutti tipi di roditori.
- **I roditori sono stati**, e sono ancora, così diffusi perché sono piccoli, si riproducono in fretta e riescono a digerire ogni tipo di cibo, tra cui sostanze dure come il legno.
- **Uno dei primi roditori conosciuti** fu il *Paramys*, che apparve oltre 50 mya.
- **Il *Paramys* era simile a uno scoiattolo** e si arrampicava sugli alberi. Era lungo 60 cm, e aveva una coda lunga e folta.
- **Gli scoiattoli moderni** iniziarono a evolversi circa 40 mya e sono una delle più antiche stirpi di mammiferi esistenti.
- **Un altro roditore primitivo** fu *l'Epigaulus,* un gopher con due corna sopra il muso, posizionate una accanto all'altra e rivolte verso l'alto.
- ***L'Epigaulus* era lungo 30 cm** e visse in America settentrionale nel Miocene (23-5 mya). Probabilmente usava le corna per difendersi o dissotterrare radici.
- **I roditori preistorici** potevano essere imponenti. Il *Castoroides* era un castoro primitivo di oltre 2 m, grande quasi come un orso nero.

LO SAPEVI?

Conigli e lepri discendono dai roditori. Le lepri moderne apparvero circa 5 mya.

▼ *Il* Platypittamys *era un roditore preistorico, simile a un ratto. I roditori erano molto diffusi nell'Oligocene (34-23 mya).*

I ruminanti

- **I ruminanti sono un prospero gruppo** di mammiferi carnivori che apparve circa 40 mya.
- **I ruminanti moderni** includono bovini, pecore, cervi, giraffe, antilopi e cammelli.
- **Tutti questi animali** possono mangiare velocemente, immagazzinare materiale vegetale nello stomaco, e rigurgitarlo in bocca per masticarlo e triturarlo. Questo processo si chiama *ruminazione*.
- **L'*Archaeomeryx* era un ruminante primitivo** vissuto in Asia. Poteva essere grande quanto un ratto o un coniglio. Somigliava al moderno tragulo (o cervo-topo), un piccolo mammifero ungulato.
- **L'*Archaeomeryx*** pare avesse uno stomaco a tre cavità, ciascuna delle quali scomponeva sempre più il materiale vegetale.
- **I cammelli furono i ruminanti successivi** a evolversi. Un grande cammello preistorico fu l'*Aepycamelus*, con il lungo collo da giraffa.
- **Seguirono** i bovini, le pecore e i cervi, che erano ruminanti più evoluti grazie allo stomaco a quattro cavità.
- **Le quattro cavità** dello stomaco dei ruminanti sono il *rumine*, il *reticolo*, l'*omaso* e l'*abomaso*.
- **Il grande vantaggio dei ruminanti** era la possibilità di decidere quando digerire il cibo. Se percepivano una minaccia mentre stavano mangiando, potevano scappare via e digerire il pasto più tardi.
- **I cammelli e i traguli** sono gli unici ruminanti odierni muniti di stomaco a tre cavità.

◀ *L'*Aepycamelus *era un grande cammello preistorico simile a una giraffa. Visse in Colorado nel Miocene (23-5 mya).*

I condilartri

- **I condilartri furono** tra i primi mammiferi ungulati.
- **Vissero** nel Paleogene, 66-23 mya.
- **Tutti gli ungulati successivi,** dai cavalli ai maiali, discendono probabilmente dai condilartri o da animali simili.
- **I primissimi condilartri** avevano artigli al posto degli zoccoli.
- **Le specie successive** svilupparono arti più lunghi provvisti di unghie o zoccoli, per fuggire rapidamente dai carnivori.
- **Tra i primi condilartri conosciuti** c'era il *Protungulatum*, un erbivoro grande quanto un coniglio vissuto 64-63 mya.
- **Tra i condilartri più recenti** troviamo il *Phenacodus*, che i paleontologi pensano fosse insettivoro (mangiava insetti).
- **Il *Phenacodus* era grande** quanto una piccola pecora, con zoccoli ben sviluppati.
- **I condilartri si diffusero** in tutto il mondo, compresi Europa, Asia, America meridionale e Africa.

LO SAPEVI?

I primi condilartri erano grandi come un coniglio, i più recenti come un orso.

▼ L'Arctocyon, *vissuto circa 50 mya, era lungo probabilmente 2 m. Le impronte dei muscoli sui fossili suggeriscono che potesse arrampicarsi sugli alberi.*

I perissodattili

- **I perissodattili sono mammiferi** erbivori ungulati caratterizzati da arti con dita dispari (uno o tre).
- **Dei tre gruppi esistenti** di perissodattili fanno parte i cavalli, i tapiri e i rinoceronti.

▼ *Un ramo della famiglia dei rinoceronti diede origine ad animali enormi che girovagavano per l'Asia, brucando foglie dalle cime degli alberi. L'esemplare più grande, e il più grande mammifero terrestre in assoluto, era il* Paraceratherium.

LO SAPEVI?

I calicoteri avevano lunghe zampe anteriori e artigli ricurvi, che non riuscivano ad appoggiare al suolo. Per questo camminavano sulle nocche, come gli ominoidei.

- **Due gruppi estinti** di perissodattili sono i *brontoteri* e i *calicoteri*.
- **Tra i brontoteri** c'erano animali enormi come il *Brontotherium*, con arti da elefante e un corno osseo smussato a forma di V sul naso. Si nutriva solamente di foglie tenere.
- **Il *Chalicotherium*** faceva parte dei calicoteri. Sprovvisto di denti anteriori, masticava germogli teneri nel retro della bocca, come i panda.
- **Gli antenati più antichi** degli odierni cavalli, tapiri e rinoceronti apparvero prima di 50 mya, quando il Paleocene lasciò il passo all'Eocene, 56 mya.
- **Il *Miotapirus*** era un tapiro primitivo. Visse in America settentrionale circa 20 mya e somigliava per dimensioni agli odierni tapiri, lunghi 1,5-2 m.
- **Nei piedi dei perissodattili** era il dito medio a reggere il peso dell'animale, con un singolo zoccolo come nei cavalli o un grande dito per piede come nei tapiri e nei rinoceronti.
- **Per gran parte del Paleogene** (66-23 mya), i perissodattili furono i mammiferi ungulati più diffusi. Quando diminuirono, furono agli artiodattili (mammiferi dalle dita pari) a diventare i dominanti.

Gli artiodattili

- **Gli artiodattili sono mammiferi ungulati** caratterizzati da arti con dita pari (due o quattro).
- **Maiali, cammelli, giraffe,** pecore, capre, bovini, ippopotami, cervi, antilopi e i loro antenati sono tutti artiodattili.
- **Come i perissodattili,** gli artiodattili comparvero circa 55-50 mya.
- **Il *Dichobune*, uno dei primi artiodattili,** visse tra i 40 e i 30 mya. Aveva quattro corti arti con quattro dita ciascuno.
- **In artiodattili più piccoli,** come pecore o capre, il piede è solitamente diviso in due zoccoli (o dita).
- **Negli artiodattili molto pesanti,** come gli ippopotami, le dita che sostengono il peso dell'animale sono quattro.
- **Almeno due** delle dita medie negli artiodattili sostengono lo stesso peso.
- **Nel Miocene** (23-5 mya), gli artiodattili erano i mammiferi ungulati più diffusi.
- **Il loro successo** dipendeva più dallo stomaco che dalle zampe: gli artiodattili svilupparono un apparato digerente più avanzato per elaborare l'erba dura di prateria che aveva rimpiazzato le precedenti piante forestali più tenere.
- **Un'altra differenza** tra artiodattili e perissodattili era rappresentata dalle ossa della caviglia: gli artiodattili avevano articolazioni più arrotondate a entrambe le estremità, per dare più spinta nella corsa.

▼ *A differenza dei moderni artiodattili, lo* Synthetoceras *aveva un corno biforcuto sul naso, forse presente solo negli esemplari maschi.*

Gli entelodontidi

- **Gli entelodontidi** erano grandi mammiferi simili a maiali, vissuti in Asia e America settentrionale nell'Eocene e nel Miocene (56-5 mya).
- **Per il loro aspetto spaventoso,** questi mammiferi sono anche noti come "maiali del terrore".
- **Uno dei più grandi entelodontidi** fu il *Daeodon (Dinohyus)*. Era alto alla spalla quasi 2 m e aveva il cranio di quasi un metro di lunghezza.
- **Il *Daeodon* si nutriva** probabilmente di radici o di carogne.
- **Il *Daeodon* aveva denti** molto particolari. Gli incisivi (i denti anteriori) erano smussati, mentre i canini accanto erano molto robusti e rappresentavano un'ottima arma di difesa.
- **Gli entelodontidi** annoveravano il necrofago *Entelodon*, il più grande dei quali era simile per dimensioni a un *Daeodon*.
- **Sono state trovate delle ferite** nei crani fossili di *Entelodon*, come un taglio profondo di 2 cm nell'osso in mezzo agli occhi. I paleontologi ritengono che siano state causate dalle lotte con altri esemplari.

LO SAPEVI?

Il muso dell'Entelodon era cosparso di escrescenze ossee che potevano servire a proteggergli occhi e naso durante gli scontri con i rivali.

- ***Entelodon* significa** "dente completo". Questo mammifero aveva uno spesso strato di smalto sui denti.
- **Tuttavia, molti fossili** di *Entelodon* hanno denti rotti: una conseguenza della dieta difficoltosa e variata di questi necrofagi.

▲ *Il feroce* Daeodon, *precedentemente noto come* Dinohyus, *potrebbe essersi cibato di carogne, proprio come le moderne iene. I possenti muscoli del collo e i grandi canini indicano che poteva frantumare ossa e mangiare carne.*

I pipistrelli

- L'**Icaronycteris** è uno dei primi pipistrelli conosciuti. I suoi fossili risalgono a circa 52 mya.
- **Nonostante l'età**, l'*Icaronycteris* somigliava molto ai pipistrelli moderni: aveva infatti orecchie molto grandi, che usava probabilmente come un sonar.
- **L'*Icaronycteris* differiva** dai pipistrelli moderni per la coda, che non era collegata alle zampe da lembi di pelle.
- **I paleontologi ritengono** che devono essere esistiti pipistrelli ancora più primitivi da cui si è evoluto l'*Icaronycteris*.

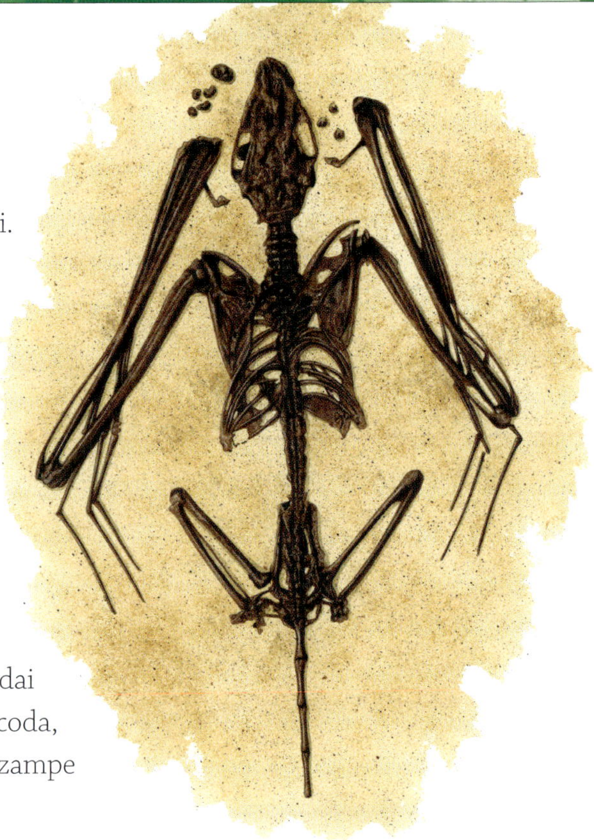

▲ *In questo raro fossile di* Icaronycteris *si distinguono le ossa delle grandi ali e le ossa più piccole delle gambe.*

▶ *I pipistrelli più antichi appartengono al gruppo di mammiferi dei* Microchiroptera. *Si tratta dei pipistrelli insettivori più piccoli e diffusi al giorno d'oggi. Hanno grandi orecchie e un grosso naso che sfruttano nell'ecolocalizzazione.*

Echi di ritorno che partono dalla farfalla

- **I ritrovamenti** di fossili di pipistrelli preistorici sono scarsi: come gli uccelli, hanno scheletri fragili poco adatti alla fossilizzazione.
- **L'*Icaronycteris* si cibava di insetti:** i paleontologi hanno trovato resti di insetti nella parte del fossile che doveva aver ospitato lo stomaco.
- **I fossili di *Icaronycteris*** sono stati rinvenuti in America settentrionale.
- **I resti fossili** di un altro pipistrello preistorico, il *Palaeochiropteryx*, sono stati trovati in Europa.
- **Come l'*Icaronycteris*,** pare che questo pipistrello sia stato insettivoro (mangiava insetti).

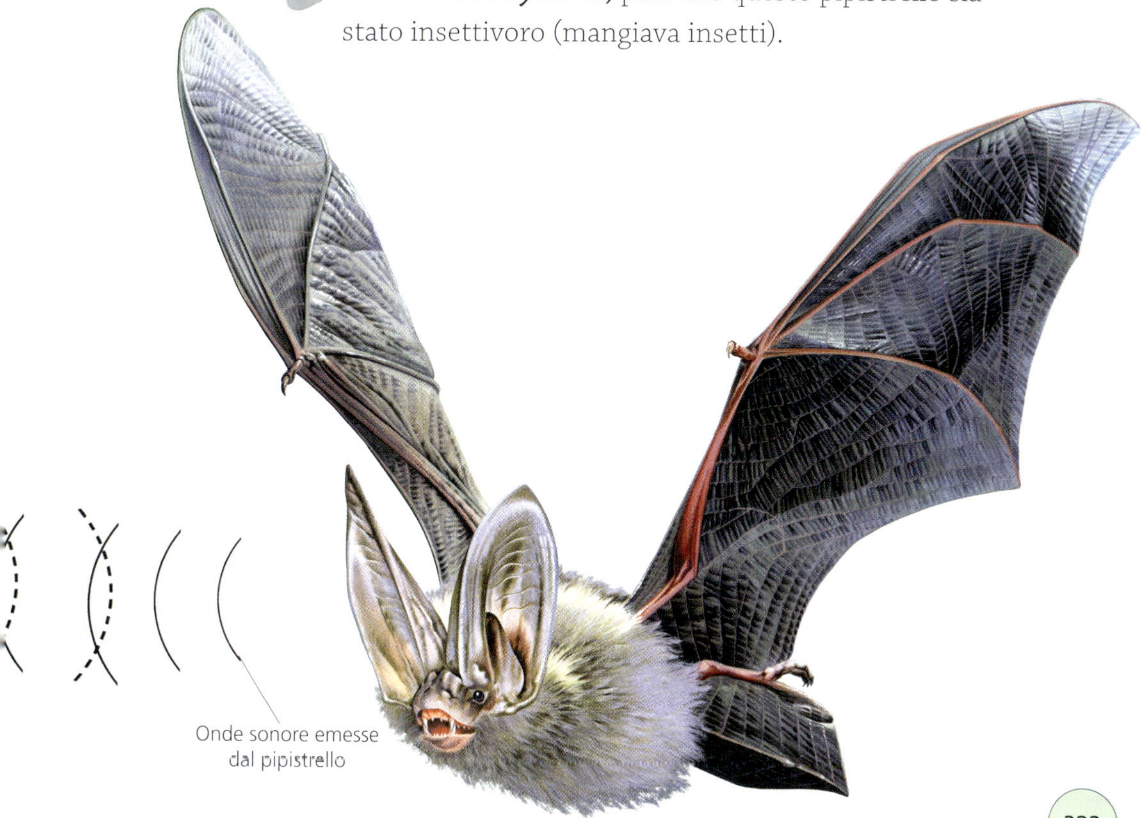

L'evoluzione degli elefanti

- **Gli elefanti e i loro antenati** appartengono all'ordine dei *Proboscidea*, e hanno una lunga proboscide. Un altro termine per indicare questi animali è proboscidati.
- **I primi elefanti** apparvero circa 40 mya. Non avevano la proboscide e somigliavano a grossi maiali.
- **Il *Moeritherium* è uno dei primi animali** conosciuti dei proboscidati. Il suo nome deriva dal lago Moeris in Egitto, dove i cercatori di fossili scoprirono i suoi resti.
- **Il paleontologo americano** Henry Fairfield Osborn (1857-1935) descrisse il *Moeritherium* come "l'anello mancante" tra gli elefanti e gli altri mammiferi.
- **Il *Moeritherium* era lungo 3 m** e pesava 200 kg. Visse circa 37 mya, trascorrendo gran parte del tempo nei fiumi o in acque poco profonde, come un ippopotamo.
- **Un'altra fase** dell'evoluzione degli elefanti è il *Phiomia*, vissuto circa 35 mya.

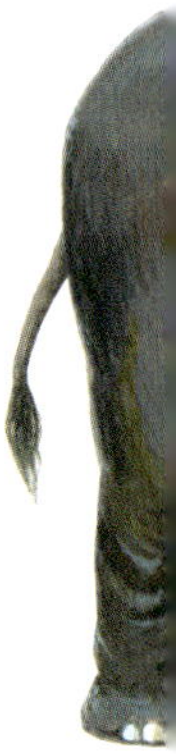

LO SAPEVI?

I mammut erano elefanti giganti. Il mammut delle steppe era alto alla spalla fino a 4 m e pesava probabilmente oltre 15 tonnellate.

- **Il *Phiomia* era alto alla spalla** circa 2,5 m. I fossili che vengono dall'Africa settentrionale e altri resti trovati con loro indicano che viveva in zone paludose.

- **I dinoteridi** facevano parte dei proboscidati, e avevano un paio di enormi zanne incurvate all'ingiù nella mascella inferiore.
- **Gli altri gruppi** di *Proboscidea* erano gli elefanti veri e propri (che somigliavano a quelli odierni) e i mammut. Questi animali comparvero nel Pliocene (5-2,5 mya).

▶ *Molti elefanti primitivi avevano la proboscide e denti allungati, le cosiddette zanne.*

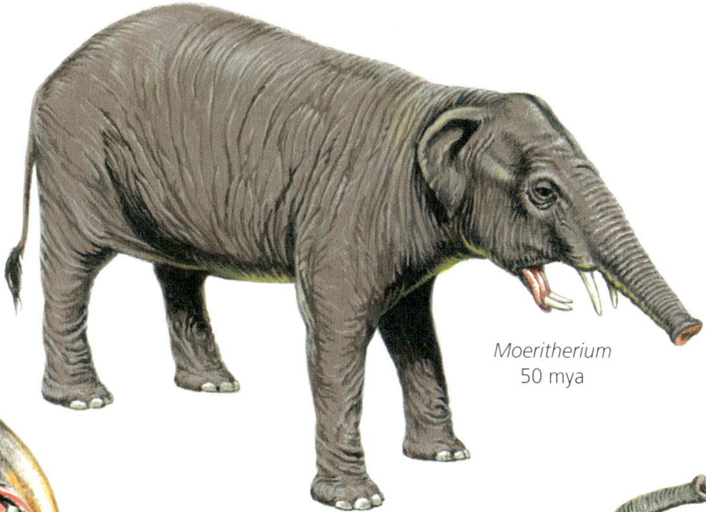

Moeritherium
50 mya

Palaeomastodon
35 mya

Primelephas
7 mya

I mammut lanosi

- **I mammut lanosi** (nome scientifico: *Mammuthus primigenius*) apparvero oltre 200.000 anni fa, probabilmente in Asia.
- **Vivevano nelle fredde praterie** di Asia, Europa e America settentrionale, e alcuni scomparvero solo 4000 anni fa.
- **Per sopravvivere al freddo,** i mammut lanosi avevano un buon sistema di isolamento.
- **Il loro mantello lanoso** era fatto di due strati di peli: uno esterno, con peli lunghi e ruvidi, e l'altro costituito da un fitto rivestimento di setole.
- **I mammut lanosi** avevano una pelle molto dura, spessa anche 2,5 cm, che copriva un notevole strato di grasso.

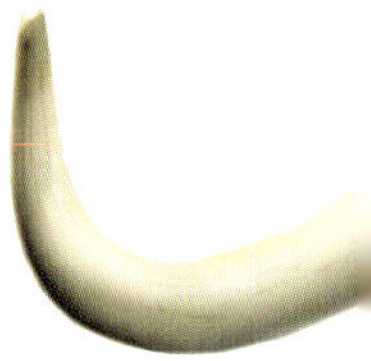

- **Gli esemplari maschi** erano lunghi fino a 3,5 m e alti alla spalla fino a 2,9 m, e pesavano anche 6 tonnellate.
- **Avevano lunghe zanne** incurvate in avanti, in alto e poi all'indietro. Erano un'arma di difesa contro i nemici e servivano a togliere neve e ghiaccio dalle piante basse di cui si nutrivano.
- **Alcuni dipinti rupestri** degli uomini dell'era glaciale raffigurano mammut lanosi.
- **Molti resti perfettamente conservati** di mammut lanosi sono stati trovati nel suolo perennemente ghiacciato della Siberia.

LO SAPEVI?

Molti pensano che i mammut lanosi avessero il pelo rosso, mentre questo colore si deve a una reazione chimica avvenuta dopo la morte dell'animale.

▼ *I mammut lanosi avevano una calda pelliccia, spessa e ispida, orecchie piccole e zanne enormi.*

I rinoceronti

- **I rinoceronti erano un gruppo molto importante** di mammiferi nel Paleogene e nel Neogene (66-2,6 mya).
- **L'*Hyracodon* fu uno dei primi mammiferi simili ai rinoceronti,** vissuto in America settentrionale circa 30 mya.
- **Zampe lunghe e affusolate** indicano che l'Hyracodon era un corridore veloce. Era lungo circa 1,5 m.
- **Gli aminodontidi erano un gruppo** di rinoceronti preistorici, probabilmente evoluti dall'*Hyracodon*.
- **Il *Metamynodon*** era un aminodontide simile ai rinoceronti. Grande quanto un ippopotamo, sembra che avesse anche uno stile di vita analogo, popolando fiumi e laghi.
- **I rinoceronti veri e propri,** antenati di quelli moderni, discendevano probabilmente da creature come l'*Hyracodon*.
- **Uno dei primi veri rinoceronti** fu il *Trigonias*, che aveva quattro dita sulle zampe anteriori e tre su quelle posteriori. Visse circa 35 mya nell'Eocene superiore e nell'Oligocene inferiore.
- **Il *Caenopus***, altro vero rinoceronte, aveva piedi con tre dita ciascuno, come tutti i rinoceronti successivi.
- **Il corno di rinoceronte più grande** di tutti i tempi, lungo anche fino a 2 m, potrebbe essere stato quello dell'*Elasmotherium*, vissuto in Europa probabilmente fino a 50.000 anni fa.

I rinoceronti scomparvero in America settentrionale tra i 5 e i 2 mya, e successivamente anche in Europa. Continuarono a vivere in Asia e Africa, dove esistono ancora oggi, nonostante siano in pericolo di estinzione.

◀ *Il rinoceronte lanoso dell'ultima grande era glaciale scomparve meno di 10.000 anni fa.*

Il Megacerops

- **Il Megacerops era un grande erbivoro,** conosciuto in precedenza come *Brontotherium*, o "belva del tuono".
- **Visse in America settentrionale** e in Asia centrale circa 40-35 mya.
- **Il *Megacerops* era per dimensioni** una via di mezzo tra un rinoceronte e un elefante. Era alto alla spalla 2,5 m.
- **Apparteneva al gruppo** di mammiferi perissodattili, o mammiferi ungulati con un numero dispari di dita.
- **Il *Megacerops* aveva zampe tozze** e piedi corti e larghi con quattro dita sulle zampe anteriori e tre dita sulle posteriori.
- **Sul muso,** il *Megacerops* aveva un corno a forma di Y.
- **I paleontologi ritengono** che il corno servisse a spaventare i predatori e nelle lotte contro i rivali.
- **Il *Megacerops* viveva in branco** nelle praterie e nelle foreste.
- **Aveva denti molari** grandi e quadrati per sminuzzare le foglie tenere di cui si nutriva.

LO SAPEVI?

Il Megacerops è un lontano cugino degli odierni cavalli, tapiri e rinoceronti.

▶ *Il corno del* Megacerops *era più lungo nei maschi che nelle femmine: forse lo sfoggiavano nel corteggiamento e nelle lotte contro i rivali.*

I primi cavalli

- **Sono stati rinvenuti molti fossili di cavalli,** più di ogni altro animale. È stato quindi possibile tracciare l'evoluzione dai primi mammiferi simili ai cavalli ai cavalli moderni.
- **L'*Hyracotherium* era un cavallo primitivo.** Visse nelle foreste europee del Paleocene superiore ed Eocene inferiore (58-50 mya).

▼ L'Hyracotherium *è il primo cavallo conosciuto. I cavalli sono stati gli ungulati che meglio si sono adattati a vivere nelle praterie.*

- **Un altro nome** per l'*Hyracotherium* era *Eohippus*, o "cavallo dell'aurora". Ora però l'*Eohippus* viene descritto come una specie a se stante di cavallo primordiale.
- **L'*Hyracotherium* aveva le dimensioni** di una piccola volpe, con testa e corpo lunghi circa 60 cm. Aveva il collo corto, coda lunga e arti affusolati, con tre dita sulle zampe posteriori e quattro su quelle anteriori.
- **Il *Mesohippus*,** o "cavallo di mezzo", si è evoluto dopo l'Hyracotherium, tra i 40 e i 30 mya.
- **Il *Mesohippus* aveva zampe più lunghe** dell'*Hyracotherium* ed era un corridore più veloce.
- **Riusciva anche** a masticare meglio il cibo, perché aveva denti con una superficie maggiore.
- **Una migliore masticazione** risultò fondamentale per i cavalli e altri erbivori quando le foreste diventarono praterie con piante più abbondanti ma più dure.
- **Il *Mesohippus* aveva sviluppato** tre dita sugli arti anteriori perché uguagliassero i posteriori, nonché un muso e mascelle più allungate.
- **Evolvendosi,** i cavalli migrarono dall'America settentrionale e dall'Europa verso l'Asia, l'Africa e l'America meridionale.

I cavalli più recenti

Il ***Merychippus,*** vissuto tra i 20 e i 10 mya, rappresenta una grande evoluzione dai cavalli primordiali come il *Mesohippus*. Aveva le dimensioni di un pony molto piccolo.

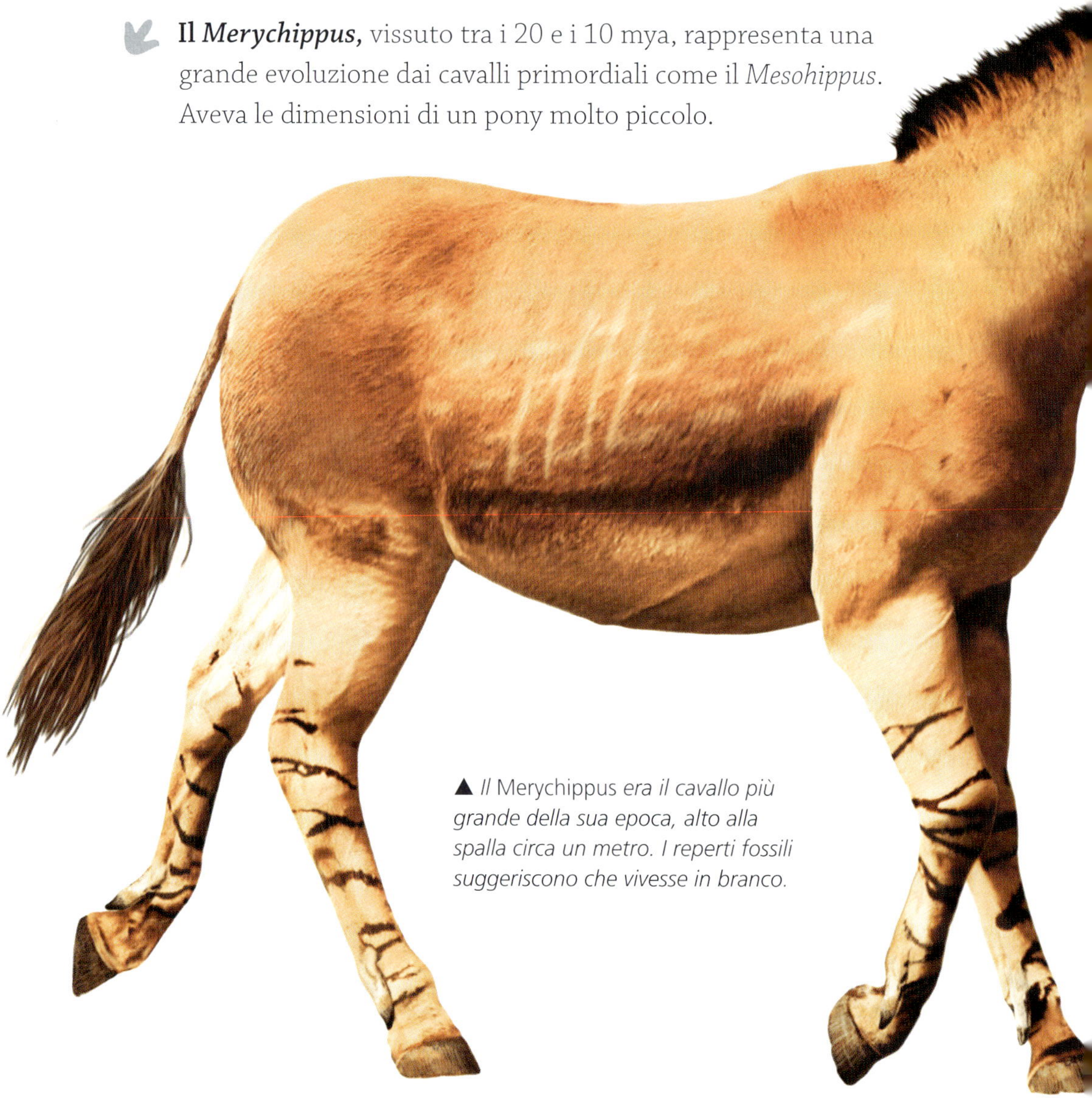

▲ *Il* Merychippus *era il cavallo più grande della sua epoca, alto alla spalla circa un metro. I reperti fossili suggeriscono che vivesse in branco.*

- **Il *Merychippus* è stato il primo cavallo** a mangiare principalmente erba. Per raggiungerla, aveva sviluppato un collo e un muso più lungo degli altri cavalli.
- **Il dito medio del *Merychippus*** si era evoluto in uno zoccolo sotto il quale però non c'era un cuscinetto come nei cavalli moderni.
- **Le zampe del *Merychippus*** erano fatte per fuggire dai carnivori. Nella parte superiore avevano ossa più corte degli altri cavalli, e ossa più lunghe nella parte inferiore.
- **Ossa più corte nella parte superiore della zampa** significava che i muscoli principali erano concentrati in cima alla stessa, per permettergli di correre più veloce.
- **L'*Hipparion*,** o "cavallo migliore", è un'ulteriore evoluzione dal Merychippus. Aveva zampe più sottili e zoccoli più simili ai cavalli. L'Hipparion visse tra 20 e 1 mya.
- **Un cavallo ancora più evoluto** fu il *Pliohippus*, con dita laterali più piccole rispetto all'Hipparion. Il *Pliohippus* apparve circa 5 mya.
- **I denti del *Pliohippus*** erano simili a quelli dei cavalli moderni: lunghi e dalla superficie irregolare, per macinare l'erba.
- **Il genere *Equus* comprende i cavalli moderni,** gli asini e le zebre, ed è l'ultimo stadio dell'evoluzione dell'animale, iniziata circa 4 mya.

Le prime balene

- **Le balene primordiali** non somigliavano affatto alle creature che nuotano oggi nei nostri oceani.
- **L'*Ambulocetus*,** uno dei primi esemplari della famiglia delle balene, sembrava più una lontra gigante. Visse circa 50 mya.
- **Ambulocetus significa** "balena che cammina": pare che passasse più tempo sulla terraferma che in acqua.

▶ *Il* Pakicetus *era un buon corridore e nuotatore. Viveva probabilmente vicino all'acqua e cacciava sia in acqua che fuori.*

- **I fossili mostrano** che l'*Ambulocetus* aveva piedi e mani palmate: si pensa quindi che fosse un buon nuotatore.
- **Un antenato delle balene** ancora precedente all'*Ambulocetus* fu il *Pakicetus*, vissuto circa 52 mya.

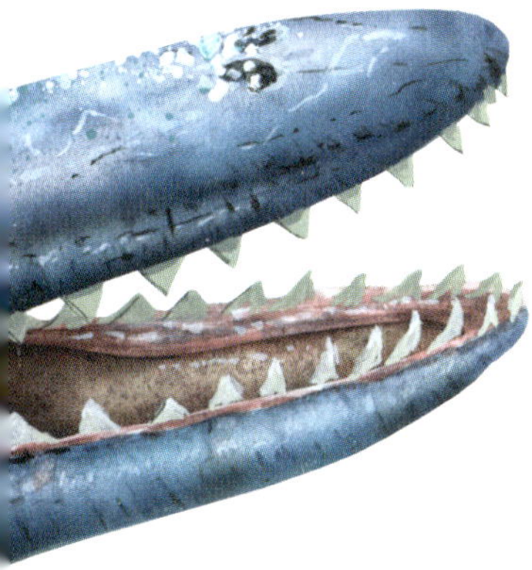

- **Il *Pakicetus* si chiama così** perché un fossile del suo cranio fu ritrovato nel 1979 in Pakistan.
- **Il *Pakicetus* era lungo** circa 1,8 m. L'*Ambulocetus*, con i suoi 3 m, era più grande.
- **I paleontologi ritenevano** che il gruppo di balene e delfini, i *Cetacea*, si fosse evoluto da mammiferi ungulati carnivori noti come *mesonichidi*. Studi più recenti dimostrano che i cetacei sono più vicini ai mammiferi ungulati dalle dita pari, gli artiodattili.
- **Circa 40 mya,** dagli antenati mezzi terrestri e mezzi nuotatori iniziarono a evolversi le prime vere balene, che vivevano negli oceani senza mai toccare terra.

LO SAPEVI?

Sono state rinvenute solo la nuca e parte della mascella inferiore del Pakicetus. Da questi fossili, i paleontologi pensano che non si tuffasse a grandi profondità.

Le balene più recenti

- **Apparso per la prima volta** circa 40 mya, il *Basilosaurus* somigliava moltissimo alle balene odierne, molto di più dei suoi antenati, il *Pakicetus* e l'*Ambulocetus*.
- **Era anche enorme:** misurava tra i 20 e i 25 m di lunghezza, come tre elefanti in fila indiana.
- **Il *Basilosaurus* aveva una grande varietà di denti:** denti anteriori affilati per azzannare e denti posteriori seghettati per masticare.
- **Queste balene mangiavano grossi pesci,** calamari e altri mammiferi marini.

LO SAPEVI?

Il Cetotherium era una balenottera preistorica vissuta oltre 20 mya. Invece dei denti, aveva placche dure in bocca, chiamate fanoni, con cui filtrava il plancton e minuscoli pesci.

- **C'erano alcune grosse differenze** tra il *Basilosaurus* e le balene moderne. Innanzitutto, aveva un corpo più slanciato.
- **Invece dello sfiatatoio** che era una specie di narice alla sommità del capo attraverso la quale le balene respirano quando emergono in superficie il *Basilosaurus* aveva le narici sul muso.

▲ *La balena preistorica* Basilosaurus, *o "lucertola imperatore", è stata chiamata così perché dai primi studi condotti sui fossili si pensò che fosse un rettile marino preistorico, un plesiosauro gigante.*

- **Una balena più evoluta** del *Basilosaurus* era il *Prosqualodon*. Visse tra i 30 e i 20 mya e aveva lo sfiatatoio.
- **Il *Prosqualodon* potrebbe essere stato simile** a un antenato dei cetacei dentati, un sottordine che include capodogli, orche, balene dal becco e delfini.
- **Il *Prosqualodon* somigliava** a un delfino. Aveva un corpo affusolato di circa 2,5 m di lunghezza e un muso lungo e stretto pieno di denti appuntiti.

Gli esseri umani

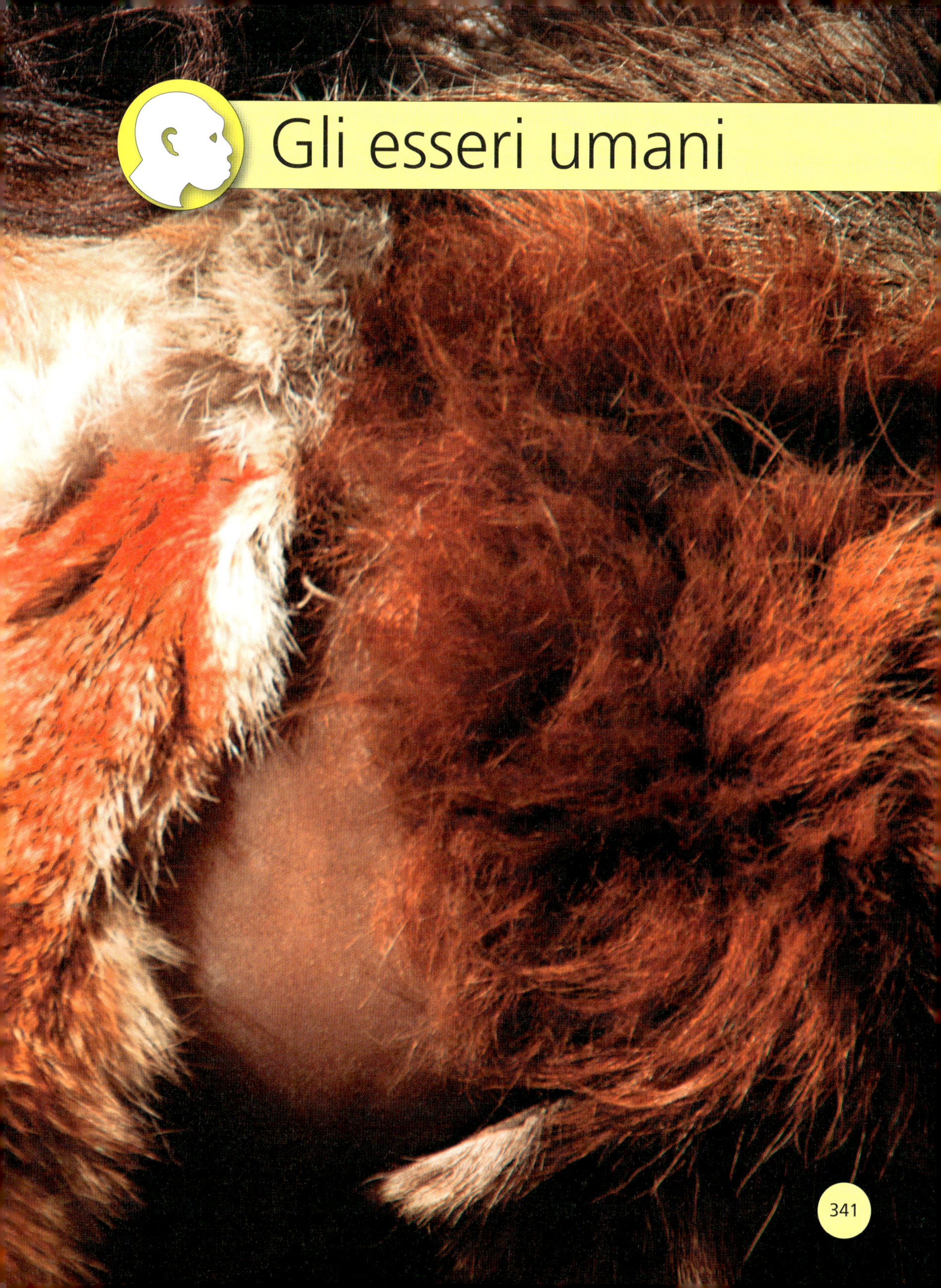

Gli antichi primati

- **I primati** sono un gruppo di mammiferi che includono lemuri, galagoni, tarsi, scimmie, e ominoidei come gorilla, scimpanzé ed esseri umani.
- **Rispetto ad altri mammiferi**, i primati hanno un maggiore raggio di movimento in braccia, gambe, dita di mani e piedi.
- **Il loro tatto** è più sofisticato, perché dita di mani e piedi terminano con unghie piatte invece che artigli ricurvi, e la pelle sottostante ha sviluppato cuscinetti sensibili.
- **Gli antenati dei primati** erano piccoli mammiferi insettivori (mangiavano insetti) simili a toporagni.
- **Uno dei primati più antichi** conosciuti è il *Plesiadapis*, vissuto circa 57 mya in Europa e in America settentrionale. Si arrampicava sugli alberi come uno scoiattolo.
- **Primati più evoluti** si svilupparono circa 5-10 milioni di anni dopo. Somigliavano un po' ai moderni lemuri.
- **Il Notharctus era un primate** simile ai lemuri. Si nutriva di foglie e di frutti, misurava 40 cm (coda esclusa), e aveva pollici opponibili con cui si aggrappava bene ai rami.
- **Altri primati più evoluti**, ma ancora primordiali, sono lo *Smilodectes* e il *Cantius*. Avevano cervello e occhi più grandi, coda più lunga e muso più piccolo del *Plesiadapis*.
- **Questi animali** sono gli antenati di lemuri e lori, ma probabilmente non di primati come scimmie, ominoidei ed esseri umani. I paleontologi credono che questi ultimi discendano da una linea evolutiva diversa.

Una delle prime scimmie fu il *Mesopithecus*, vissuto circa 6 mya in Grecia e Turchia. Era simile alle scimmie odierne per molti aspetti, ma aveva la coda più lunga.

▼ *L'antico primate* Plesiadapis *aveva coda lunga e dita artigliate, a differenza di scimmie più recenti e degli ominoidei, dotati di unghie.*

Gli ominoidei

- **Gli ominoidei sono primati** dal cervello più complesso delle scimmie e sono senza coda. Includono gli ilobatidi, grandi scimmie, e gli esseri umani.
- ***L'Aegyptopithecus*** era un antenato degli ominoidei. Visse in Egitto nell'Oligocene (34-23 mya). Era di piccola taglia e aveva una coda corta.
- **Tra i primi ominoidei** vissuti 25-23 mya c'era il *Proconsul*. A volte della taglia di una piccola scimmia e altre di una femmina di gorilla, aveva un cervello più grande dell'*Aegyptopithecus*.

▼ *Uno dei primi ominoidei, il* Dryopithecus, *era alto circa un metro. Aveva un cervello più grande degli altri mammiferi rispetto alla sua taglia, ed era diffuso nelle praterie di Africa, Asia ed Europa.*

LO SAPEVI?
Il Proconsul, chiamato così nel 1927, deve il suo nome a Consul, uno scimpanzé ammaestrato che fumava la pipa e andava in bicicletta.

- **Il *Proconsul* si nutriva di frutti.** I paleontologi ritengono che camminasse a quattro zampe, reggendo il peso corporeo in parte sulle nocche delle mani, come gli odierni scimpanzé e gorilla.
- **Il *Proconsul* diede origine** a varie linee evolutive: gli ilobatidi o gibboni, le grandi scimmie asiatiche (gli oranghi) e le grandi scimmie africane (scimpanzé, gorilla ed esseri umani).
- **Tra gli ominoidei simili a scimpanzé** c'era il *Dryopithecus*. Visse dopo il *Proconsul* nel Miocene superiore (15-5 mya). Stava su due zampe, ma si arrampicava con tutte e quattro.
- **Il *Sivapithecus*, appartenente agli ominoidei**, visse 12-8 mya. Ora si ritiene che faccia parte della linea evolutiva degli ominoidei asiatici e che sia un possibile antenato degli oranghi. In passato veniva chiamato *Ramapithecus*.
- **Le australopitecine sono un ulteriore passo** nell'evoluzione da ominoidei a esseri umani. Questi "ominoidei del sud" sono stati trovati in Africa, e alcuni di loro erano bipedi.
- **Tra gli ominoidei più grandi,** il *Gigantopithecus* visse in Cina da circa 8 a meno di 1 mya. Potrebbe essere stato alto 2,5 m e pesare 300 kg.

L'Ardipithecus

- **Uno dei primi probabili ominini** (esseri umani e parenti stretti) fu l'*Ardipithecus ramidus*, vissuto circa 4,5 mya.
- **Pare che somigliasse molto** a uno scimpanzé, tranne che per un aspetto fondamentale: l'*Ardipithecus ramidus* poteva camminare su due gambe.
- **Abitava probabilmente** boschi e foreste, dormendo sugli alberi di notte e rovistando per terra alla ricerca di radici di giorno.
- **Un adulto** di *Ardipithecus ramidus* era alto circa 1,3 m e pesava anche 50 kg.
- **Gli archeologi trovarono** fossili di denti, cranio e braccia di *Ardipithecus ramidus* in Etiopia, e lo identificarono nel 1994.
- **Nel 2001,** gli archeologi trovarono in Etiopia i resti di un ominide ancora più antico, *Ardipithecus kadabba*, vissuto tra i 5,6 e i 5,8 mya.
- **I fossili** di *Ardipithecus kadabba* sono simili a quelli di *Ardipithecus ramidus*, quindi è possibile che fossero strettamente imparentati.
- **Il nome *kadabba*** viene dalla lingua locale e significa "antenato base".
- **L'*Australopithecus anamensis*** è tra gli esemplari di ominini successivi all'*Ardipithecus ramidus*. I suoi fossili risalgono a 4,2-3,9 mya.
- **Un fossile** dell'articolazione del ginocchio di *Australopithecus anamensis* mostra che spostava il peso da una gamba all'altra quando si muoveva: camminava quindi su due gambe.

▲ Ardipithecus ramidus. *Gli scienziati scelsero la lingua afar parlata in Etiopia per dargli un nome che esprimesse la sua posizione alla base della storia dell'uomo:* ardi *significa "terreno"* e ramid *significa "radice".*

L'Australopithecus africanus

- ***Australopithecus africanus*** significa "scimmia del sud dell'Africa": fu uno dei primi ominidi apparsi tra i 3 e i 2 mya.
- **Fu la prima specie** di australopitecine a essere scoperta.
- **Lo scienziato di origini australiane** Raymond Dart scoprì l'importante fossile in Africa meridionale nel 1924.
- **Il fossile** identificato da Dart veniva da una cava vicino al villaggio di Taung, ai margini del deserto del Kalahari.

▼ *Questa ricostruzione di* Australopithecus africanus *mostra la mascella sporgente degli ominoidei, ma anche una fronte non troppo spiovente come negli ominoidei moderni.*

- **Si trattava di un cranio fossile** appartenente a un bambino di due o tre anni d'età. Il fossile è conosciuto come "Bambino di Taung."
- **Molti non credettero** alla scoperta di Dart, convinti che avesse a che fare con gli ominoidei, e non con gli ominini. L'archeologo Robert Broom fu l'unico a credergli.
- **Nel 1947,** lo stesso Broom trovò il cranio di un adulto di *Australopithecus africanus.*
- **Il cranio adulto** fu chiamato "signora Ples", perché inizialmente Broom lo attribuì a una specie diversa, *Plesianthropus transvaalensis.*
- **Già negli anni '50** erano stati rinvenuti altri resti di *Australopithecus africanus,* tra cui un bacino e un femore.
- **Questi fossili dimostrarono** che l'*Australopithecus africanus* apparteneva agli ominini dalla postura eretta.

LO SAPEVI?

Ominidi si riferisce a esemplari odierni o estinti di grandi scimmie e ai loro diretti antenati. Ominini si riferisce agli esseri umani odierni o estinti e ai loro diretti antenati.

L'Homo habilis

- **L'Homo habilis** è uno dei primi membri conosciuti del genere *Homo*, a cui apparteniamo anche noi. Visse tra i 2,3 e 1,4 mya.
- **Gli archeologi** Louis e Mary Leakey furono i primi a scoprire i suoi resti nella gola di Olduvai in Tanzania, nel 1960-61.
- **Crani fossili di *Homo habilis*** sono stati rinvenuti anche attorno al lago Turkana in Kenya, uno dei giacimenti di ominidi più ricchi del mondo.
- **I crani mostrano** che l'*Homo habilis* aveva un volto piatto con zigomi sporgenti, simile a quello delle australopitecine, della sua stessa epoca.

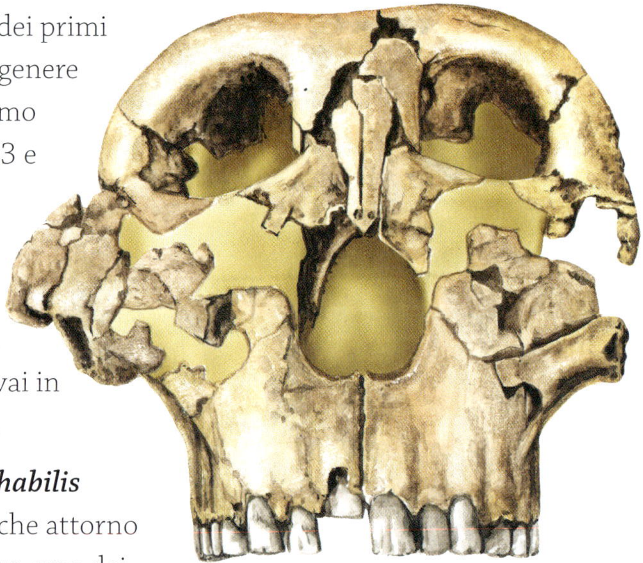

▲ *Il primo cranio di* Homo habilis *trovato da Louis e Mary Leakey in Tanzania. Aveva un cervello più grande dei precedenti ominini.*

- **L'*Homo habilis*** era molto più simile agli ominoidei rispetto all'*Homo ergaster*. Pare che avesse il corpo ricoperto di peli e nessuna forma di linguaggio.
- **Tuttavia, aveva un cervello più grande** delle australopitecine. Aveva anche mani più flessibili e dita più dritte e sensibili.

LO SAPEVI?

L'Homo habilis usava utensili di pietra per aprire le ossa degli animali e mangiare il sostanzioso midollo.

- ***Homo habilis*** significa "uomo abile": usava le mani per raccogliere i frutti e creare utensili di pietra, chiamati *olduvaiani*.
- **Un maschio adulto** di *Homo habilis* era alto circa 1,4 m e pesava circa 50 kg.

▶ *L'*Homo habilis *aveva mascelle meno sporgenti rispetto ai suoi antenati.*

L'Homo erectus

- **Circa 1,8 mya,** in Africa apparve una nuova specie di essere umano: l'*Homo erectus*. Alcuni scienziati pensano che un suo simile, l'*Homo ergaster*, potesse essere un tipo di *Homo erectus*.
- **L'*Homo erectus*** presentava una notevole somiglianza con gli esseri umani moderni. Era anche alto: alcuni individui raggiungevano 1,8 m.
- **Aveva la testa diversa** dagli esseri umani moderni: una pesante arcata ossea sopra gli occhi e mascelle sporgenti lo facevano somigliare più agli ominoidei.
- **Alcuni reperti indicano** che l'*Homo erectus* era capace di costruire capanne di legno e sterpi. Si trattava probabilmente di rifugi temporanei per tribù nomadi, non di dimore permanenti.
- **L'*Homo erectus*** si diffuse dall'Africa per stabilirsi successivamente in Europa e Asia.

LO SAPEVI?

I fossili dell'uomo di Pechino scomparvero all'inizio della Seconda Guerra Mondiale e non furono mai più ritrovati. Furono confiscati dalle truppe giapponesi prima di essere spediti negli USA.

- **Nel tardo 1800,** Eugène Dubois scoprì dei fossili di *Homo erectus* sull'isola indonesiana di Giava. Inizialmente li classificò come *Pithecanthropus erectus*, che poi fu cambiato in *Homo erectus*.
- **Negli anni '30,** gli oltre 40 scheletri di *Homo erectus* rinvenuti in Cina furono attribuiti al *Sinanthropus pekinensis*.

- **Per molto tempo,** l'essere umano a cui appartenevano i fossili cinesi fu chiamato "uomo di Pechino". Solo più tardi i paleoantropologi si resero conto che era un *Homo erectus*.
- **Gli archeologi hanno anche dimostrato** che l'*Homo erectus* usava il fuoco e praticava il cannibalismo.

▼ *Focolari in pietra usati dall'*Homo erectus *dimostrano che padroneggiava il fuoco. Il fuoco forniva calore, luce, protezione e un mezzo per cucinare il cibo.*

L'Homo neanderthalensis

- **L'Homo *neanderthalensis***, o *uomo di Neanderthal*, visse tra i 300.000 e forse i 30.000 anni fa in Europa, Asia occidentale e in zone del Medio Oriente.
- **Homo *neanderthalensis*** significa "uomo della valle di Neander", il luogo in Germania dove nel 1865 furono rinvenuti i suoi primi resti fossili.
- **L'uomo di Neanderthal non è un nostro diretto antenato**, ma solo un cugino estinto di un ramo diverso della famiglia degli esseri umani.
- **Era circa il 30% più pesante** di un moderno essere umano. Aveva un corpo più robusto e gambe più corte.
- **Il corpo più corto e tozzo dell'uomo di Neanderthal** era più adatto di quello dell'uomo moderno per la vita in Europa, Asia occidentale e Medio Oriente durante le ere glaciali del Pleistocene (da 2,6 mya a 12.000 anni fa).
- **Anche il volto era diverso**, con fronte spiovente e arcate sopraccigliari sporgenti.
- **Seppelliva i morti**, cuoceva la carne e fabbricava vari utensili e armi.
- **L'uomo di Neanderthal costruì** le prime lance con pietre affilate.

LO SAPEVI?

Molti pensano che l'uomo di Neanderthal fosse lento e stupido. In realtà, aveva un cervello grande quanto quello di un uomo moderno.

▶ *L'uomo di Neanderthal era molto abile a cacciare, raccogliere piante e cucinare il cibo.*

Gli esseri umani moderni

- **Tutte le persone in vita oggi** sono (anatomicamente) esseri umani della sottospecie *Homo sapiens sapiens*.
- **Vari reperti suggeriscono** quando e dove apparvero gli esseri umani moderni: utensili, ossa e denti fossili, materiale genetico (DNA) estratto da questi, e geni di persone viventi.
- **Molte prove dimostrano** che gli esseri umani moderni apparvero circa 200.000 anni fa in Africa orientale.
- **I fossili più antichi attribuiti** agli esseri umani moderni vengono da Omo, in Etiopia, e risalgono a 195.000 anni fa.
- **Circa 90.000 anni fa,** gli esseri umani moderni si stabilirono in Africa e si diffusero in Medio Oriente: questa migrazione è nota anche come *Ipotesi africana*.
- **Dal Medio Oriente,** gli esseri umani moderni si diffusero in Europa circa 40.000 anni fa come uomini di Cro-Magnon.
- **Si spostarono anche verso est** in Asia, nel Sudest asiatico e in Australia, circa 45.000 anni fa.
- **Altri esseri umani moderni** raggiunsero il nord-ovest americano dal nord-est asiatico circa 15.000 anni fa, dirigendosi poi a sud verso le Americhe.
- **Gli uomini moderni** rimpiazzarono così l'arcaico *Homo sapiens* e gli altri uomini che popolavano le varie regioni.
- **Tuttavia, gli uomini moderni** potrebbero essersi incrociati con alcuni di questi gruppi, come l'*uomo di Neanderthal* in Europa.

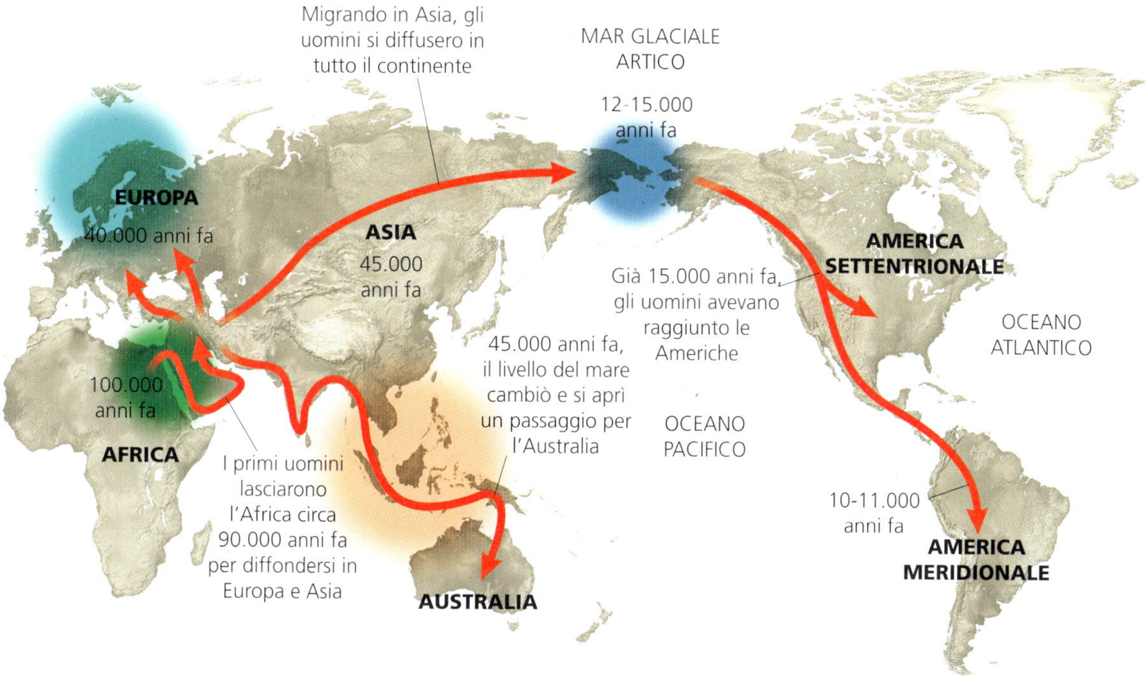

▲ *Un clima migliore (zona verde) favorì le migrazioni in Europa e Asia dall'Africa. Cambiamenti nel livello del mare (zona arancione) aprirono un passaggio per l'Australia. Le glaciazioni (zone blu) limitarono le migrazioni a nord ed est ma, una volta raggiunte, le Americhe si popolarono rapidamente.*

Gli esseri umani moderni si adattarono al clima e alle condizioni di ogni regione, dando vita alla varietà di persone che popolano il mondo oggi.

LO SAPEVI?

Circa 100.000 anni fa c'era meno di mezzo milione di esseri umani nel mondo. Oggi ce ne sono oltre 7000 milioni.

Cervello e intelligenza

- **I primati, che includono** le varie specie di esseri umani, avevano un cervello più grande degli altri mammiferi rispetto alla loro taglia.
- **I primati svilupparono** un cervello più grande e un'intelligenza maggiore perché vivere e spostarsi tra gli alberi richiedeva un ottimo equilibrio, coordinazione e abilità nell'usare mani e piedi.
- **Quando il cervello degli ominidi** iniziò a ingrandirsi, il cranio subì dei cambiamenti. Un cervello più grande portò allo sviluppo della fronte.
- **Il cervello dell'*Homo habilis*** era il 50% più grande di quello delle antenate australopitecine. Aveva una capacità di 750 cm cubi.
- **La struttura del cervello** era diversa dagli ominidi precedenti. I lobi frontali, cioè le parti associate alla pianificazione e risoluzione dei problemi, erano molto più grandi.

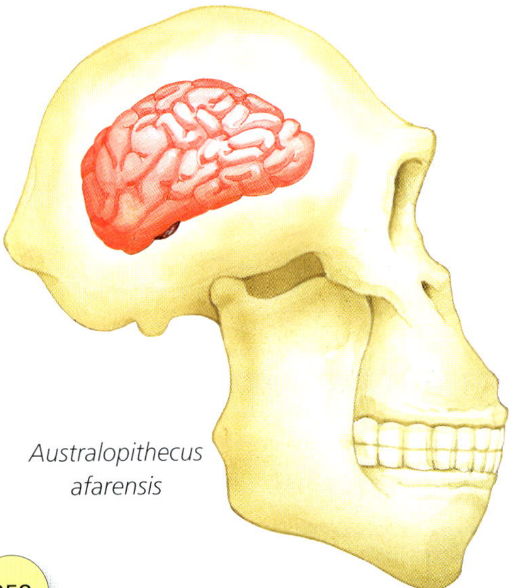

Australopithecus afarensis

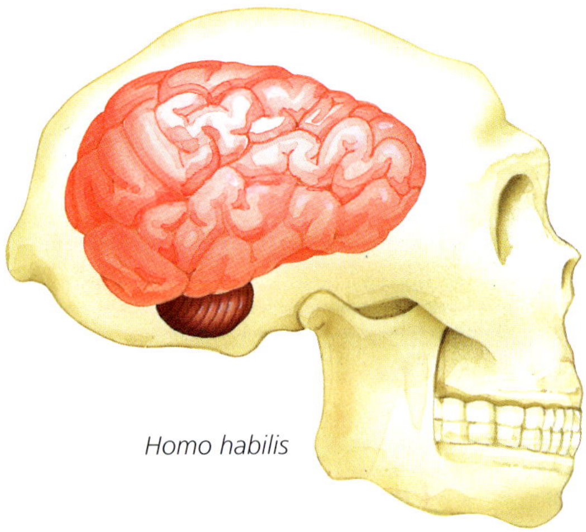

Homo habilis

- **L'Homo *habilis*** usava la sua intelligenza nella ricerca di carne, che recuperava dalle prede uccise da altri animali per integrare la sua dieta.
- **Mangiare più carne** significava avere un cervello ancora più grande. Scomporre i vegetali richiede tantissima energia, quindi meno piante gli ominidi mangiavano, più energia avevano a disposizione per il cervello.
- **L'*Homo ergaster*** aveva un cervello ancora più grande, della capacità di circa 1000 cm cubi. Usava l'intelligenza per seguire le tracce degli animali, un'abilità fondamentale nella caccia.
- **Il cervello** dell'*Homo erectus* si ingrandì col tempo. Se circa un milione di anni fa aveva una capacità di 1000 cm cubi, 500.000 anni più tardi era di 1300 cm cubi.
- **La capacità media del cervello umano** oggi è di 1350-1450 cm cubi.

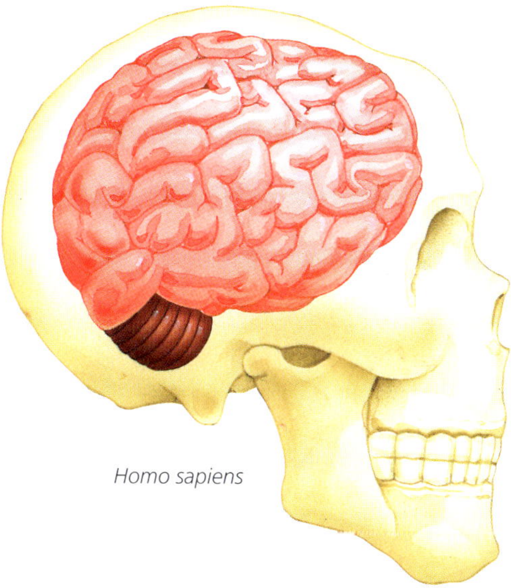

◀ *Il livello di intelligenza degli esseri umani è collegato alle dimensioni del cervello, ma non solo: dipende anche dalla sua complessa struttura..*

Il linguaggio

- **Il linguaggio sarebbe comparso** con l'*Homo erectus* o l'*Homo ergaster*, anche se si trattava di una forma di comunicazione molto più semplice di quella odierna.
- **Una necessità** che portò allo sviluppo del linguaggio era intrattenere relazioni all'interno del gruppo.
- **Il linguaggio è diverso** dalle grida di allarme o dai richiami amorosi: implica un sistema per rappresentare idee e sentimenti.
- **Un aspetto importante** del linguaggio è la faringe, un tubo nel collo che va dalle corde vocali (contenute nella laringe) alla bocca.
- **In altri primati** la faringe è troppo corta per produrre complesse variazioni del suono.
- ***L'Homo erectus/ergaster*** aveva probabilmente una faringe più lunga degli ominidi precedenti, per produrre un linguaggio di base.

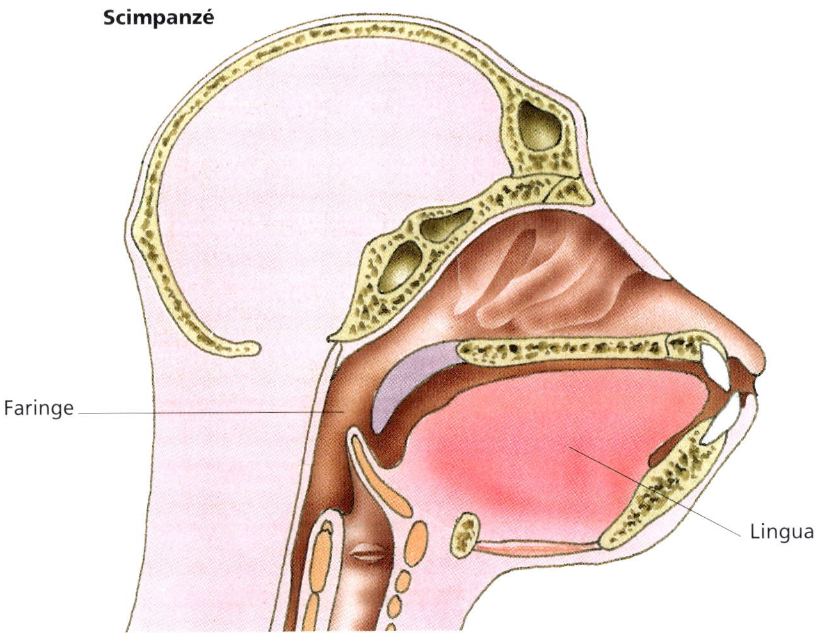

- **L'*Homo heidelbergensis*** aveva una faringe ancora più lunga e poteva produrre suoni complessi. Tuttavia, il suo linguaggio doveva essere diverso dal nostro, vista la diversa conformazione del volto.
- **Anche l'uomo di Neanderthal** doveva essere in grado di parlare. I resti fossili dello ioide, l'osso che regge la laringe, indicano che era quasi identico al nostro.
- **Probabilmente il linguaggio moderno** si sviluppò solo con l'arrivo dell'*Homo sapiens sapiens*.
- **Alcuni esperti ritengono** che il linguaggio moderno iniziò a svilupparsi circa 150.000 anni fa, mentre secondo altri solo meno di 50.000 anni fa.

Essere umano

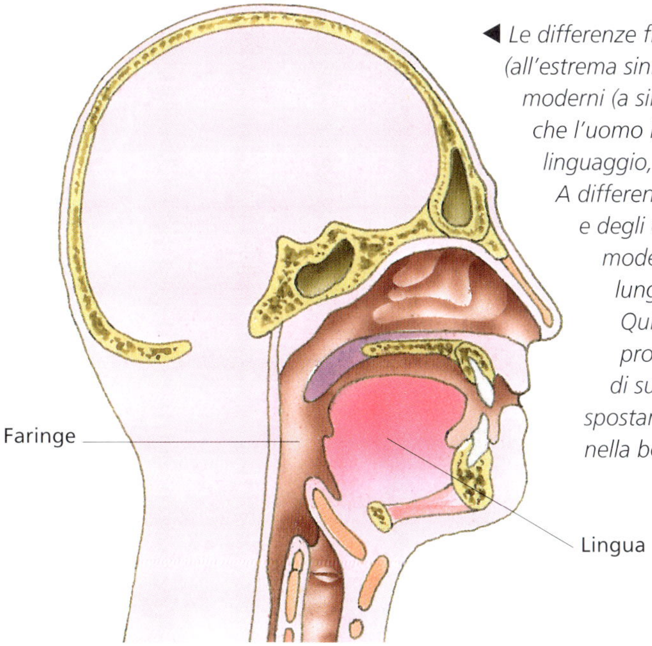

◀ *Le differenze fisiche tra scimpanzé (all'estrema sinistra) ed esseri umani moderni (a sinistra) dimostrano che l'uomo ha sviluppato un linguaggio, lo scimpanzé no. A differenza degli scimpanzé e degli ominini, gli uomini moderni hanno una gola lunga e un muso corto. Quindi la faringe può produrre una varietà di suoni e la lingua può spostarsi avanti e indietro nella bocca per emetterli.*

Gli utensili

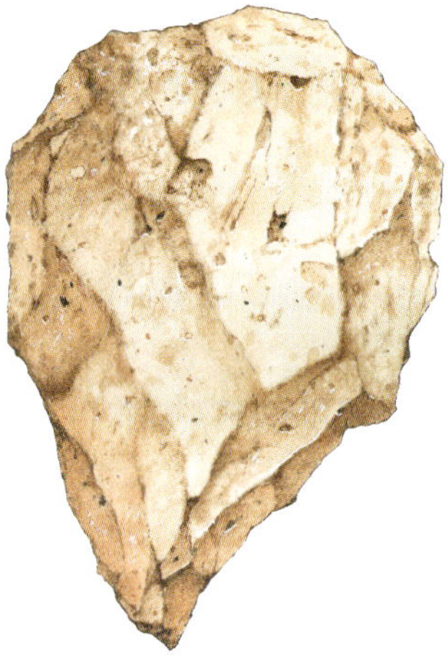

▲ *L'*Homo habilis *produceva schegge di pietra come questa: per farlo, colpiva una pietra con un'altra, chiamata percussore.*

- **Il maggior numero** di utensili dell'*Homo habilis* viene dalla gola dell'Olduvai, in Tanzania. Sono pietre usate come percussori, strumenti su scheggia o su ciottolo, raschiatoi.
- **L'*Homo habilis*** usava questi utensili per tagliare la carne e aprire le ossa degli animali di cui mangiava il midollo.
- **Gli utensili di pietra** usati dall'*Homo habilis* sono grezzi ed elementari: è stato uno dei primi a realizzarli, ma non era ancora molto esperto.
- **Creare utensili di pietra primitivi** era un compito impegnativo: chi li costruiva doveva colpire una pietra con un'altra in modo da ottenere un'unica scheggia affilata senza romperla in mille pezzi.

◀ *L'*Homo erectus *usava percussori di osso per ottenere schegge di pietra più sottili e affilate.*

- **Costruire degli utensili** richiede molta intelligenza. Implica l'uso della memoria e l'abilità di pianificare e risolvere problemi astratti.
- **Gli utensili dell'*Homo erectus*** erano i più avanzati. Costruiva asce a mano dalla forma a mandorla, lavorate su entrambe le facce: le *asce acheuleane*, dal nome del luogo in Francia dove furono trovate asce simili più recenti.
- **L'uomo di Neanderthal sviluppò** un metodo per produrre schegge di pietra affilatissime, le *schegge Levallois*, da posizionare all'estremità delle lance.
- **Questo metodo** richiedeva grande precisione e destrezza. Nonostante gli uomini moderni abbiano molte più abilità, per molti sarebbe complicato produrre utensili di questo tipo.
- **I moderni esseri umani** svilupparono una varietà di utensili. I Cro-Magnon costruivano coltelli, punte di lance e utensili da intaglio.

- **L'uomo di Cro-Magnon** costruiva anche utensili con materiali diversi dalla pietra, come legno, ossa, palchi e avorio.

▲ *L'*Homo sapiens *costruì utensili sempre più complessi introducendo materiali diversi, come lo spago nell'ascia (sopra) e denti di selce fissati con la resina in seghe come questa (sotto).*

La caccia

- **Uno dei primi cacciatori umani** fu l'*Homo erectus*. Altri ominini precedenti, come l'*Homo habilis*, potrebbero aver cacciato animali piccoli o deboli, ma si nutrivano prevalentemente di prede uccise da altri animali.
- **L'*Homo erectus*** usava il fuoco per tendere trappole agli animali. Costruì anche asce a mano che usava per uccidere gli animali o per macellarli una volta morti.
- **Negli anni '90,** ritrovamenti di armi di *Homo heidelbergensis* a Boxgrove, in Inghilterra, rivelarono un arsenale di caccia completo di questa specie: asce, coltelli per fendere e lame per tagliare la carne.
- **Un giacimento a Schöningen, in Germania**, conservava i resti di molte lance levigate fatte di legno d'abete, probabilmente dall'*Homo heidelbergensis*.
- **Ciascuna di queste lance** era lunga oltre 2 m e veniva lanciata come un giavellotto.
- **La caccia diventò** non solo un modo per procacciarsi il cibo, ma anche i vestiti (pelli di animali) e il materiale per gli utensili (ossa, corna e zoccoli).
- **L'uomo di Neanderthal** primeggiava nella caccia: aveva sviluppato questa abilità durante le ere glaciali del Pleistocene (2,6-0,01 mya).
- **L'uomo di Neanderthal usava reti** o lance per catturare i pesci. Cacciava anche foche, infilzandole attraverso buchi nel ghiaccio oppure tirandogli le lance.

- **Oltre a cacciare,** gli ominini raccoglievano frutti selvatici, ortaggi e frutta a guscio.
- ***L'Homo sapiens*** sviluppò nuove armi per cacciare, tra cui l'arco e le frecce, la cerbottana e il boomerang.

▼ *Vari ritrovamenti dimostrano che l'uomo di Neanderthal cacciava, viveva in rifugi di pietra e svolgeva cerimonie per seppellire i morti.*

L'arte rupestre

- **L'uomo di Cro-Magnon** produsse molti dipinti rupestri.
- **Uno dei migliori esempi** è la *Grotta Chauvet* nell'Ardèche, in Francia, scoperta nel 1994.
- **La Grotta Chauvet** contiene oltre 300 disegni di animali: tra gli altri, leoni, cervi, bisonti e rinoceronti lanosi.
- **Inizialmente c'era molto scetticismo** sul fatto che uomini primitivi avessero prodotto dipinti rupestri, e si pensò a dei falsi.
- **Un altro magnifico esempio** di arte rupestre è la *grotta di Altamira*, nella Spagna del nord, che ha un soffitto di oltre 18 m coperto di dipinti di bisonti colorati di rosso, nero e viola.
- **Molti dipinti rupestri** risalgono a 30.000-15.000 anni fa, quando l'uomo di Cro-Magnon viveva in Europa e non solo.
- **Altri dipinti rupestri** potrebbero essere più antichi. Secondo alcuni archeologi, i dipinti della grotta di El Castillo in Spagna sono di 40.000 anni fa.
- **Molti dipinti rupestri** sembrano rappresentare scene di caccia, ma sono presenti anche simboli come serie di quadratini e puntini.

LO SAPEVI?

L'uomo di Cro-Magnon disegnava il contorno della mano premendola contro la parete e soffiandole sopra un pigmento fuligginoso.

- **Un'altra immagine comune** nelle grotte è quella della mano umana.

▶ *Serie di dipinti rupestri nella Grande sala dei tori a Lascaux, nel sud-ovest della Francia, risalenti a circa 17.000 anni fa.*

Indice analitico

Indice analitico

Le voci in **grassetto** si riferiscono ai contributi principali; le voci in *corsivo* si riferiscono alle illustrazioni.

D

E

N

T

Referenze fotografiche

Il materiale iconografico è di proprietà di Miles Kelly Artwork Bank.

Gli Editori desiderano ringraziare gli enti, società o persone per aver concesso l'utilizzazione del materiale coperto da copyright. Si prega di segnalare le eventuali involontarie omissioni, alle quali si provvederà nelle prossime edizioni.

Alamy 160 Stocktrek Images, Inc.; 164 MasPix; 270 Ronald Karpilo; 314 Stocktrek Images, Inc. **Getty** 154 Roman Garcia Mora/Stocktrek Images; 202 Eric Préau; 230 Roman Garcia Mora/Stocktrek Images; 234 James L. Amos; 244 Sergey Krasovskiy/Stocktrek Images; 246 Dinos; 304 Daniel Eskridge/Stocktrek Images; 348 Régis Bossu; 366 Philippe Wojazer **Glow Images** 134 Superstock; 350 Superstock **National Geographic Creative** 222 Matthias Breiter/Minden Pictures; 223 Pete Oxford/Minden Pictures; 254 Lowell Georgi; 292 Jonathon Blair; 294 Adrie and Alfons Kennis **Science Photo Library** 60-66 Jaime Chirinos; 84 DeAgostini/UIG; 136 Mark Hallett PaleoArt; 180 Millard H. Sharp; 198 Laurie O'Keefe; 216 Laurie O'Keefe; 220 Museo di Storia Naturale, Londra; 226 Museo di Storia Naturale, Londra; 280–284 Jaime Chirinos; 286 Walter Myers; 290 Jaime Chirinos; 296 Mauricio Anton; 306 Mark Hallett PaleoArt; 310-312 Museo di Storia Naturale, Londra; 338 Museo di Storia Naturale, Londra; 354 Mauricio Anton; 356 Claus Lunau; 364 Christian Jegou Publiphoto Diffusion **Shutterstock.com** 10 BMJ; 14 BergelmLicht; 70 Michael Rosskothen; 74 Michael Rosskothen; 86 leonello calvetti; 88 Jean-Michel Girard; 96 Catmando; 104 Linda Bucklin; 106 Kostyantyn Ivanyshen; 108 Linda Bucklin; 112 Linda Bucklin; 116-118 Linda Bucklin; 120 Catmando; 132 Linda Bucklin; 138 Catmando; 142 Michael Rosskothen; 144 Catmando; 150 Bob Orsillo; 152 Catmando; 156 Ralf Juergen Kraft; 160-170 Linda Bucklin; 176-178 leonello calvetti; 186 Ozja; 188 Jean-Michel Girard; 190 ags1973; 196 DM7; 206 Linda Bucklin; 210 Linda Bucklin; 217 John Kasawa; 218 leonello calvetti; 236 DM7; 238 Naypong; 252 Michael Rosskothen; 258 Bob Orsillo; 264 troyka; 265 Trevor kelly; 276 Catmando; 288 Rich Koele; 298 Ralf Juergen Kraft; 308 Ralf Juergen Kraft; 320 Ralf Juergen Kraft; 326 Ozja; 330 Catmando; 340 Procy **Superstock** 9 Science Picture Co; 26 Stocktrek Images

È stato fatto ogni sforzo per citare la fonte e il proprietario dei diritti di ciascuna immagine. Miles Kelly Publishing si scusa per eventuali errori od omissioni.